苗德岁讲达尔文

[美国]苗德岁 著

译林出版社

图书在版编目（CIP）数据

苗德岁讲达尔文 /（美）苗德岁著．
南京：译林出版社，2021.11
ISBN 978-7-5447-8795-6

I. ①苗 … II. ①苗 …III. ①达尔文（Darwin，
Charles 1809—1882）－人物研究－文集
IV. ① K835.616.15-53

中国版本图书馆 CIP 数据核字（2021）第 184199 号

苗德岁讲达尔文 [美国] 苗德岁 / 著

责任编辑　陶泽慧
特约编辑　童可依
装帧设计　景秋萍
校　　对　戴小娥

出版发行　译林出版社
地　　址　南京市湖南路 1 号 A 楼
邮　　箱　yilin@yilin.com
网　　址　www.yilin.com
市场热线　025-86633278
排　　版　南京新华丰制版有限公司
印　　刷　合肥精艺印刷有限公司
开　　本　850 毫米 × 1168 毫米 1/32
印　　张　8.25
插　　页　2
版　　次　2021 年 11 月第 1 版
印　　次　2021 年 11 月第 1 次印刷
书　　号　ISBN 978-7-5447-8795-6
定　　价　58.00 元

目 录

5 达尔文的其他著作

6 达尔文杂谈

戎嘉余[1]序

前不久，小苗（我习惯这样称呼苗德岁教授）写的一篇关于达尔文的短文在《中国科学报》上刊登。像往常一样，我把它剪下，收藏起来。近期与小苗通信时，我建议他把在报刊上发表的有关达尔文和演化论的零金碎玉文章，汇集成册，整体出版。他回复说，译林出版社已在筹备出版他的新作集，这让我喜出望外。

我认识小苗已近半个世纪，初识是在1975年深秋的一个晚上，他作为南京大学地质系地层古生物专业的学生，应约徒步从汉口路校舍来我所参加乒乓球友谊赛。1978年夏，我到内蒙古考察，路过北京，在中科院古脊椎动物与古人类研究所集体宿舍小住，走廊上巧遇小苗及其学友，他刚通过“文革”后首次研究生入学考试被录取。晚上，

1 戎嘉余，中国科学院院士、中国科学院南京地质古生物研究所研究员。

我们在屋顶大平台乘凉，一边遥望闪烁的星星，一边山南海北地畅聊，相谈甚欢。他的一篇文章前几年（1975年）在《化石》杂志上发表，听说领袖想看该杂志，印出了线装大字本。我说："主席可看过你的文章喽！"那时，我们都知道他的文笔很好。后来，虽说都研究古生物，却因门类不同，地层不相邻，他又去了美国深造，我们相隔于大洋两岸，鲜有联系。20世纪90年代初，他应金玉玕老师邀请来我所开放实验室讲授如何写好科技英文，我们又开始接触。他英文很棒的名声早已在外，所里同仁和我时有向他请教如何把握英语用词，他都欣然应允，尽力帮助。2007年，经张弥曼老师推荐，中科院院士工作局暨科学道德建设委员会请他翻译由美国科学院、工程院、医学研究院撰写的《科研道德：倡导负责行为》一书，周光召先生写了序。2010年起，他花了足足两年时间，倾情完成了达尔文巨著《物种起源》第二版（译林出版社"译林人文精选"版，2013年）的翻译。2012年，他应邀来所做"达尔文与《物种起源》"讲演，加上他还兼任《古生物学报》、*Palaeoworld*（《远古世界》）海外编委等职，多次来所访问，通过频繁的交流，彼此之间有了更多的共同语言。

在翻译《物种起源》后，小苗应多家报刊、新媒体邀请，开设了“达尔文之光”“科学源流”专栏，通过专访、书序、书评等多种形式，介绍自己研究达尔文的心得。从中，他挑选出24篇（包含时论、序跋、书评、随笔、散文等不同体裁）汇编成册。这些作品均与达尔文和演化论有关。小苗为什么要写一位一百多年前离世的英国人查尔斯·达尔文呢？这里原因很多。我想，至少有两个。第一，翻译巨著《物种起源》给他带来的激情，激起了他酷爱达尔文的澎湃内心。第二，达尔文演化论事关我们人类认识世界和生命的最根本的问题。20世纪早期，国内先贤对达尔文演化思想的传播，使中国成为民众接受演化论程度最高的国家之一。然而，由于种种原因，国人对演化论的认识多一知半解，以讹传讹，“鲜有继承与发展”（鲁迅语）。人们常把“物竞天择”“适者生存”挂在嘴边、写在书里，同时却对之有较多的误读和误解。例如，很多人以为自然选择就是“生存竞争”“优胜劣汰”，社会上过分渲染和强调“生存竞争”，夹带了浓厚的社会达尔文主义色彩。后来，囿于社会、历史、政治等因素，有关达尔文的科普文章在国内所见甚少。小苗读过不计其数的有关达尔文的外文书籍，对达尔文的了解和对演化论的认识是他写好这些文章的基础。为正本清源，改变误识，小苗认准从孩子着手，立志在达尔文和中国青少年之间架起一座知识心桥，“为儿童普及经典，让经典亲近少年”。他把深奥的生命演化理论知识普及给孩子们，并把这种普及看作一种乐此不疲的劳作。“小荷才露尖尖角”，他期盼的是满湖映日红。这次，将散落在四处的有关达尔文及其学说的短文收编成册，可以给青少年，特别是喜欢他的读者提供一个方便快捷、集中分享的机会。

读小苗的文章愈多，我愈感到他与达尔文之间似乎有着某种穿越时空的缘分。从他考研究生，面试主考官周明镇先生在口试环节问《物种起源》一书的中英文书名全名是什么时，这段缘分就在冥冥中开启。20世纪80年代他初到美国购买的第一本书就是《物种起源》，并认真读过。他博士论文研究的是哺乳动物化石，也就自然而然把注意力集中在了生命演化的问题上。再到后来他下决心答应并倾情精心翻译《物种起源》、创造性地编著达尔文和演化论的少儿读物、饶有兴致地撰写关于达尔文的短文，一路走来，他已与达尔文结下了不解之缘。如何估量达尔文说服大多数人改变长期形成的固有信仰的拨乱反正力度？为何要把《物种起源》的第一、第二版而不是第六版译成中文？这部巨著的写作背后还有多少你不知道的细节？为什么说达尔文还是一位名副其实的植物学家？为什么从达尔文身上要引出“为学如筑金字塔，根基要宽顶要尖”（胡适语）这句话？相信在寻找这些问题的答案的过程中，读者将会开启一段愉快的探索达尔文之旅。也许这就是小苗想为“达尔文学”（Darwinology）做出的贡献吧！

小苗年轻时，酷爱看书，中文功底好，有一颗向往文学的心。他有两个令人羡慕的特点：博览群书和记忆超群。他一直把选择性的读书看作生活的第一需要，这使他对中西方文化有深入的了解。他对达尔文情有独钟，凡是遇到涉及达尔文的新文、新书，他都会眼睛一亮，紧抓不放，一探究竟。他“读书破万卷，下笔如有神”。写作中，他超强的记忆力发挥了作用，写到关键之处，哪位名人在何时说过的什么话，信手拈来，放置得恰到好处，阅读起来更引人入胜。他对达尔文崇拜得五体投地。他说：“达尔文那时并没有我们今天这样的研究条件和知识基础，却能写出《物种起源》这部伟大著作，太了不起了。”19世纪达尔文撰写的这部巨著，用的是维多利亚时代典雅的弥尔顿和莎士比亚的文学语言，很不好懂，原汁原味地把它翻译成中文，真是难上加难。他能成功翻译的根本原因是“驾驭英语文字的功力”和“用英语表达非常复杂的概念的技巧”（他的美国导师语）。熟悉他的几位美国教授都欣赏他这方面的才华。我记得忠和[2]说起他自己在美国读博的四年里，小苗与马丁教授海阔天空地“摆龙门阵”的场景（广涉天文地理、历史政治、艺术宗教、人文轶事），言犹在耳，可见一斑。小苗尽管英语很棒，翻译时却丝毫不敢怠慢，他“如履薄冰，未敢须臾掉以轻心、草率命笔，始终坚持忠实于原著、保留原著全部精华”的翻译原则，展现了他认真、严谨和审慎的态度。

小苗作为专业学者热衷于科普创作的初衷，还得追溯到20世纪80年代。当他完成了博士论文后，他的美国导师在一次聚会时说：“苗的博士论文研究漂亮、文字优美，可惜读它的人，全世界不超过一打（12人），能读懂它的人，不超过一只手（5人）。”导师不经意的一番话，却深深地埋在他心里挥之不去。出于多种原因，小苗从事科普创作已临近退休时光，可他还是下决心要发挥余热。特别值得赞扬的一点是，他是用做学术的态度和方法来做科普的，任何一件事情、一个出处、一个地点、一个时间，

2 周忠和，中国科学院院士、美国科学院外籍院士、中国科学院古脊椎动物与古人类研究所研究员、中国科普作家协会理事长。

都把来龙去脉搞得一清二楚。否则关键节点弄错了，定会以讹传讹，这在《马克思与达尔文的交往》一文里有明显的体现。他说过：科普这块阵地，科学家们不去占领，伪科学和反科学的势力就会去占领。他希望写给青少年的科普书，也是写给中老年读者的书，还是写给非专业读者与专业同行共读的书。因为他心里有一个目标：争取做到“大人读了不觉浅、少儿读了不觉深；内行读了不觉浅、外行读了不觉深”。这就是小苗给科普创作树立的榜样。

小苗是一位高产、高质量的作家。短短十年内，他出版了超过二百万字的作品。读者可能不知道他是在怎样的身体状况下写就的。在夜以继日地完成达尔文《物种起源》（2013年）巨著的翻译和原创性科普读物《物种起源》（少儿彩绘版，2014年）不久，2014年底，他不幸得了脑卒中，半身麻木，举步维艰。他面前只有两种选择：一是消极躺倒，二是康复治疗、奋起继续创作！他毅然采取积极的人生态度，下决心要与时间赛跑。真是功夫不负有心人。凭借着坚忍、顽强的毅力，仅用一只右手，五年里，他又连续完成《天演论》（少儿彩绘版，2016年）、《给孩子的生命简史》（2018年）、《物种起源》（插图收藏版，2018年）、《自然史》（少儿彩绘版，2019年）

和《物种起源》（精编导读版，2020年）文稿等，还忙里偷闲、有感而发地写了那么多部科普作品。尤其是在创作《给孩子的生命简史》这本科普读物时，为了超越自己、写出新意、朝“科学性，文学性，趣味性”这“三合一”的方向努力，他不知克服了多少困难、付出了多少时间和心力。2019年深秋，他来我所访问，当他步履蹒跚、拄着拐杖艰难地登上二楼，来到我办公室时，我心中五味杂陈，感佩之情油然而生！

有人夸奖小苗是当代的高士其。我想，他是一位特立独行、文理兼修、酷爱达尔文、谙熟演化论、乐意把熟知的科学领域的优美风景介绍给行外人的古生物学家。经历过特殊年代，烙下了特殊印记，成就了不可复制的他。

本集短文篇幅不长，清新可人，文笔流畅，优美生动，诙谐有趣，既硬核又通俗，既理性又文艺，知识面广，可读性强。成书出版在即，先睹为快之余，特此倾情推荐。谨为之序。

戎嘉余

2021年3月12日

前　言

方兴未艾的达尔文学

“达学”是达尔文研究学（Darwinology）中译名的简称，是生物学史研究中的一门显学。因此，达尔文学者被称作Darwinologist或Darwin scholar，而围绕着达尔文研究的庞大学术共同体又被称为“达尔文工业”（The Darwin Industry）。尽管“达尔文工业”一词有时略带贬义，好像是指有那么一帮子人整天围绕着有关达尔文的鸡毛蒜皮事儿，写出一大堆论文来自娱娱人似的；然而，它最初源于20世纪上半叶新达尔文主义崛起之后，达尔文学者们一度“自我标榜”之语。对于达尔文学者们来说，这无疑是一项非常崇高的追求。

不特此也，在达尔文的祖国——古老的大英帝国，达尔文与莎士比亚是其文旅产业的两大支柱，每年对GDP

的贡献相当可观。因此，英国10英镑的纸币上就印着达尔文的头像——这不仅是“有钱能使鬼推磨”（“money talks”），而且从某种程度上反映了“达尔文能致富”（“Darwin enriches”）。连英联邦的澳大利亚也不甘落后：由于达尔文乘“小猎犬号”环球考察时访问过那片土地，澳大利亚既有达尔文大学也有达尔文市，同样在发着“达尔文工业”的文旅产业财。至于加拉帕戈斯群岛所属的南美洲厄瓜多尔共和国，每年围绕达尔文的文化旅游产业所得收入也十分可观。因此，“达尔文工业”给各国带来这一不可小觑的经济效益，无疑对“达学”的繁荣起到了推波助澜的作用。

在科学史上，当得起“革命”二字的只有两个人，即哥白尼与达尔文；前者揭示了地球在宇宙中的位置，后者确立了人类在自然界的位置。达尔文与林肯出生于同一天（1809年2月12日），前者构建了万物共祖的理论，后者提出了种族平等的观念；这些都代表着人类思想史上的重大变革。在《物种起源》一书中，达尔文用“生物演化”的理论来证伪生物物种的“独立创造”学说。他用“万物共祖”这一本质上机械、唯物的理论，去挑战“神创论”这一在当时占主导地位的唯心主义宗教信条。他认为，所有已知的生命形式皆由单一“生命树”上的少数原始类型长期缓慢地饰变和演化而来，是在漫长地质时期的千百万世代间，通过“自然选择”的竞争淘汰效应的雕琢，并导致适应性较差的种类不断灭绝而形成的。达尔文当时无从知晓生物变异和遗传的机制；但他极其聪明地利用维多利亚时代人们对动植物驯化的熟稔程度，展示了人工选择不过是“自然选择”的一种极端情形而已，这其实距离准确解释演化过程本身仅一步之遥。正因为理解人工选择的伟大力量，人们也不难理解和接受他的自然选择理论。出乎达尔文本人的预料，他竟以一人之力，说服大多数人改变了千百年来形成的固有观念和信仰。可见这一拨乱反正的力度，无论怎么估量也不为过。

达尔文以自然选择为主要机制的生物演化论，早已成为现代生命科学的基石；在全球范围内，达尔文研究依然显示出方兴未艾的生机勃勃景象。“达学”著作可谓浩如烟海，但由于历史原因（比如《物种起源》问世时，中国正处于晚清王朝摇摇欲坠之际，而新达尔文主义兴起时，正值抗战期间），几十年的内忧外患，使中国学者根本无暇顾及“达学”的发展；及至中华人民共和国建国初年，由于受苏联米丘林错误学说的影响，“达学”在中国也未得以普及。然而，自《物种起源》出版一百周年纪念活动以后，尤其是近些年来，这一情况已得到了根本改变，越来越多的学者乃至于公众，渴望了解达尔文生平以及他的学说。这一点从图书市场上《物种起源》中译本版本之多，便可见一斑。

然而，长期以来中译本多以《物种起源》第六版为底本。而国际上“达学”研究表明，《物种起源》初版才最具革命性，也最能代表达尔文的真实想法。后来的修订版，反映了达尔文迫于宗教势力的压力，做了不同程度的“退让”。因此，应译林出版社之邀，笔者近年来翻译了《物种起源》第一版（插图收藏版，2018年）与第二版（“译林人文精选”版，2013年，2020年，以及“经典译林”版，2016年），并应数家报刊以及新媒体邀请，先后开辟了“达尔文之光”“科学源流”专栏，并通过专访、书序、书评等形式，系统介绍了达尔文的主要著作以及自己研究达尔文的心得。从这些文章中，我挑选出来二十余篇，收集在这里，以方便感兴趣的读者查阅。

衷心感谢译林出版社李瑞华、陈叶、何本国、宋旸等多年来对我“达学”研究的大力支持；我尤其感谢本书编辑童可依女士对书稿的精心编排及配图，删节了原有文章间部分重复的段落，使本书更为精炼。感谢《中国科学报》的李芸和胡珉琦、《科学》杂志的季英明、《中华读书报》的王洪波、《新华文摘》的刘永红、《化石》杂志的郭建葳、北京大学出版社的陈静、果壳网以及澎湃新闻的编辑们信任我并且一再诚邀我为他们的刊物撰文。特别感谢我的同事和好友张弥曼院士、戎嘉余院士、周忠和院士、沈树忠院士、王原教授、张德兴教授和王德华教授等多年来给予我的热情鼓励和多方支持。最后，我不能忘记感谢我的"达学"同事陈红与刘健博士以及许多出版界朋友，如彭伦与周志刚先生等，一如既往地给予我鼓励、帮助和谬赞。

苗德岁记于2021年2月21日

1

成就达尔文一生功业之旅

达尔文与《小猎犬号航海记》

——兼评译林出版社的陈红新译本

《小猎犬号航海记》的由来

在达尔文的诸多著作中，有三部世所公认的经典：《小猎犬号航海记》、《物种起源》以及《人类的由来与性选择》。尽管《物种起源》是达尔文最负盛名的扛鼎之作，《小猎犬号航海记》却是青年达尔文的成名之作。此外，《小猎犬号航海记》还是达尔文的得意之作，以至于达尔文晚年提起此书时，依然津津乐道、情有独钟，自称是他著述生涯喜得的“头胎”（the firstborn），在他的所有著作中将其视为至爱而自珍。

颇有意思的是，该书最初问世时（1839年5月），是四卷本官方考察报告中的第三卷，第一、第二卷则出自菲茨罗伊舰长之手，而第四卷是冗长的、与前三卷相关的注释与附录。达尔文所著第三卷的原书名是：《菲茨罗伊舰长领航小猎犬号战舰环球之旅期间所访各国的博物学与地质学研究日志》（*Journal of Researches into the Natural History and Geology of the Countries Visited During the Voyage round the World of H.M.S.Beagle under the Command of Captain Fitz Roy, R.N.*）。达尔文作文行事一向喜欢面面俱到，撰写书名也不例外；《物种起源》一书的原名，同样冗长得令人惊叹。

不过，由于达尔文在《小猎犬号航海记》中不仅记载了所访各国的博物学新知，而且描述了那里的地理风貌、风土人情以及他本人的心路历程，这本书语言生动活泼，读来引人入胜，无疑是这套书中最为出彩的一卷，出版后即刻获得巨大成功。鉴于此，该套书的出版商抓住了商机，未经达尔文同意，便将第三卷抽出来，改用《小猎犬号航海记》这一书名，于同年晚些时候出版了单行本，以满足维多利亚时代的英国人对位于天涯海角的治外之地的好奇心。果不其然，《小猎犬号航海记》迅速成了畅销书，达尔文也因此一举成名。值得一提的是，达尔文对出版商未经其允许而出版此书、事后也没有付给他版税的做法，从未予以追究。这固然与达尔文向来息事宁人的处世之道不无关系；但以我之心度达翁之腹，窃以为，对“不差钱”的达尔文而言，更可能是出于此种心理：吾已成名卿获利，双赢之事皆欢欣，故没有必要去锱铢必较、与出版商对簿公堂了。

达尔文的“贵人”

常言道，人生在世若有所作为，必须得有贵人相助。那么，达尔文的贵人则无疑是他在剑桥大学求学时的良师益友——植物学教授亨斯洛先生了。剑桥大学原本是以培养神职人员著称的，但恰巧在达尔文入学之前，学校里涌现了一批具有广泛自然科学背景的年轻教授。亨斯洛教授即是其中的一位，他是百科全书型的学者，一度还担任过矿物学教授。他在剑桥乃至伦敦科学界人脉很广。酷爱博物学的达尔文很快得到了亨斯洛教授的青睐，并通过亨斯洛教授结识了不少当时的知名学者以及一群志同道合者。更重要的是，他从亨斯洛教授那里学到了两招“绝活”，使他受益终身：一是从长久、连续、细微的观察中综合出理论，二是不厌其烦地做系统性的考察笔记。

达尔文在剑桥的最后一年，以极大的兴趣反复阅读了德国博物学家洪堡的《南美旅行记》，为书中描述的加那利群岛的美丽风光与自然景观所深深陶醉。他鼓动亨斯洛教授及一帮同学，计划在从剑桥毕业的那个暑假去加那利群岛实地考察。尽管亨斯洛教授为其热情所感染，同意前往，但毕竟同学中像达尔文这样既有钱又有闲的人寥寥无几，这一计划并未实现。

亚历山大·冯·洪堡在南美

考察加那利群岛计划的流产，对于达尔文来说，真可谓“塞翁失马焉知非福”。亨斯洛教授转而介绍达尔文跟随剑桥的地质学教授塞奇威克去威尔士北部做暑期地质考察。塞奇威克是英国当时最负盛名的地质学家与地层古生物学家之一，寒武纪就是他命名的。初学地质便遇上这样的名师，达尔文是何等幸运啊！亨斯洛教授这样做显然也是经过深思熟虑的：他深知达尔文是块博物学家的好材料，并且也已掌握了动植物标本的采集、鉴定与分类方面的许多知识，显露出特殊的才华，只是在地质学方面还需要恶补一番。回过头去看，这无疑是在为达尔文日后的环球之旅做准备啊。

1831年的暑假在他的威尔士北部地质考察之后匆匆结束了，此时的达尔文在同龄人当中，无疑已是最优秀的博物学人才了。然而，若是按照他父亲的预先安排，达尔文今后将在乡间小镇做牧师和业余博物学家而了此一生。出乎意料的是，他从威尔士北部考察归来回到家中，发现他的贵人的一封信正等着他——馅饼又从天而降啦！

亨斯洛教授在信中告诉达尔文，他已经推荐达尔文作为菲茨罗伊舰长的私人伙伴与博物学家，加入“小猎犬号”的环球考察之旅。达尔文读完信，自然是喜不自禁。然而，其后颇经过了好几番周折，达尔文才终于在1831年12月27日这一天，随着“小猎犬号”战舰起航成行，踏上了他历时近五年的科考征程。若不是亨斯洛教授的举荐，达尔文肯定不会有这种机会的。

“小猎犬号”战舰

不特此也，在达尔文随“小猎犬号”环球科考的五年期间，亨斯洛教授留在剑桥，志愿做达尔文的“业务代理”以及“事业经纪人”。达尔文是自费参加科考，因此他采集的大量动植物、化石及岩石珍稀标本，都属于他的私人藏品。在今天，博物学在很大程度上仍然属于“材料”科学，谁占有“材料”，谁才可能做相关的研究工作，也才可能有发言权。达尔文把他采集的标本沿途陆续托运回剑桥，都是亨斯洛教授代为接收、开箱、分类保管，并提前与伦敦的有关专家、学者联系，事先为达尔文牵线搭桥。这样一来，达尔文在返英之前，即为英国地质学界和博物学界的一流学者们所知，大家都翘首盼望他归来，以便与其合作研究这些重要的标本。细想一下，一个三十岁不到、自学成才的毛头小伙子，归来后能迅速跻身等级分明的伦敦学术精英行列，个中原因即在于此。所以，达尔文晚年回顾自己的一生时，曾感慨地说，“是亨斯洛教授成就了我的今天”。

地质学家达尔文

长期以来，达尔文的名字是与《小猎犬号航海记》和《物种起源》密不可分的。因此，究竟是达尔文成就了这两本书，还是这两本书成就了达尔文，反倒成了鸡与蛋的问题。因为“航海”二字，一般人以为达尔文那五年中大多数时间生活在“小猎犬号”战舰上；由于《物种起源》，一般人心目中的达尔文，主要是生物学家。事实上，在环球科考的近五年间，达尔文生活在“小猎犬号”战舰上的时间，总共只有533天，其余时间都在陆地上考察：采集岩石、矿物以及化石标本，进行地质观察与记录。他环球科考归来不久，即加入伦敦地质学会并很快被选为学会理事。

故此，在很长一段时间内，他本人也是以地质学家的

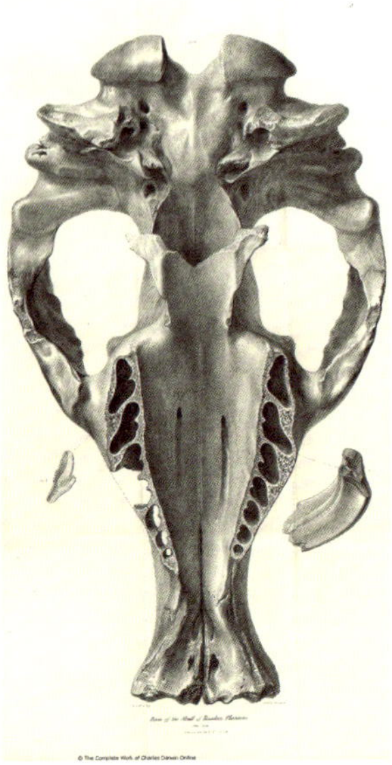

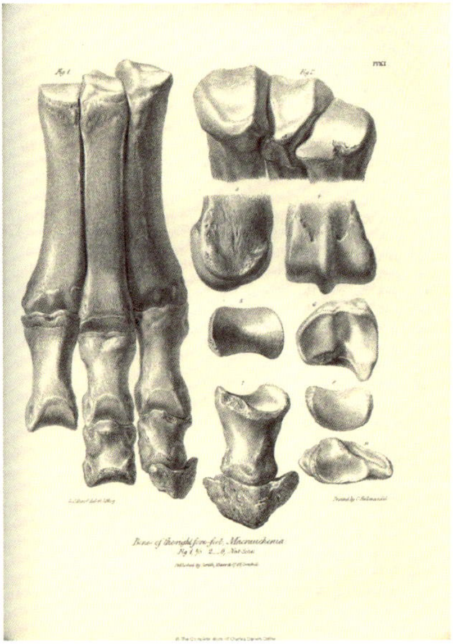

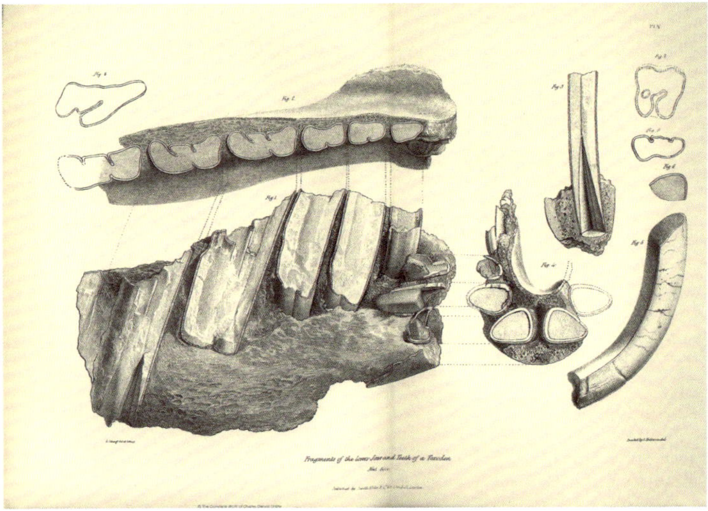

达尔文环球科考中采集的哺乳动物化石

身份自况的。19世纪上半叶是英国地质学发展的黄金时代，达尔文环球科考在地质学方面的贡献是巨大的，他细致缜密的野外地质观察以及他所采集的化石与岩石标本，至今还很有价值；他的珊瑚礁成因理论于今依然成立；他对南美古哺乳动物化石的研究，启发了他对地史上生物绝灭现象以及物种可变性的正确理解。

而这一切，并不是凭借他行前跟随塞奇威克在威尔士北部做短期地质考察所受的训练就能达到的。他在环球之旅期间认真研读了莱尔的新著《地质学原理》，并把书中的原理运用到他的环球考察实践中，用达尔文自己的话说，就是“部分地用莱尔的眼光来观察世界”。莱尔写作此书时，他的经验和观察只局限在英伦三岛，达尔文却把莱尔的真知灼见放到了全球地质框架中来考量和验证。

作为地质学家的达尔文，其贡献不仅仅在于标本采集以及野外观察，更主要的在于他能把野外观察的现象与问题跟抽象的理论与因果关系紧密联系起来。他的这种见微知著、由表及里的技能，是把亨斯洛教授在剑桥传授给他的绝活，发挥得淋漓尽致的结果，甚至达到了炉火纯青的地步。譬如，他后来把莱尔《地质学原理》中的将今论古的原理以及均变说，巧妙地运用到生物演化论之中，把物种在空间与时间分布上的变化，进行举一反三的类比，足以展现达尔文的过人之处。

也正因为如此，《小猎犬号航海记》中讲述地质学的内容比讲述生物学的还要多。该书为我们了解世界为什么会是今天这个样子，提供了有益的思考与生动的例证：

> 听居民们议论我收集的贝壳化石也很好笑，言谈用语几乎跟在上个世纪的欧洲似的，即它们是否“天生如此”。我在这个地区的地质考察工作让智利人非常惊诧。他们说什么也不相信我不是来找矿的。这有时候很让人困扰。我发现解释我的工作最好的办法是反问他们，怎么会对地震和火山不感兴趣呢？为什么有些泉水是热的、有的却是冷的？为什么智利有高山而拉普拉塔连山丘都没有？这些直截了当的问题很快就让大多数人满意并哑口无言，不过总有一些人（就像英格兰那些落后一百年的个别人）认为探索这些问题都是无益的，而且不虔诚，知道群山是上帝造的就够了嘛。[1]

---

1 本书所引《小猎犬号航海记》译文均出自陈红译《小猎犬号航海记》，译林出版社2020年版。

> 这个小籽鹬与其他一些南美鸟类也是近亲。阿塔奇属（Attagis）的两种鸟的习性几乎方方面面都跟雷鸟（ptarmigans）相同，其中一种生活在火地岛的森林的树线以上，而另一种在智利中部的安第斯山脉接近雪线的地方。另一个近缘属的白鞘嘴鸥（Chionis alba），则是南极地区的居民，以潮汐岩上的海草和贝壳为生。由于不为人知的习性，虽然趾间没有脚蹼，白鞘嘴鸥却经常出现在远离陆地的海上。这个小小的鸟科，与其他鸟科的关系错综复杂，目前只是让致力于分类学的博物学家头疼，但最终可能有助于揭示造就古往今来所有生物的宏伟蓝图。

书中类似上述的描述俯拾皆是，作为生物学家的达尔文，与作为地质学家的他一样，不仅是优秀的野外工作者，更是第一流的理论家。尽管在整个环球科考期间，他对以自然选择为机制的生物演化论尚未形成成熟的想法，但《小猎犬号航海记》中，已随处可见他追寻这一思路的端倪：

这些岛屿的自然史非常有意思，绝对值得关注。大多数的生物都是土著种类，在别处找不到；甚至不同岛上的生物彼此也不一样；但又都与美洲的动植物之间有明显的亲缘关系，虽然被海洋隔开了五六百英里。群岛自成一个独立王国，或者可以说成是美洲的卫星，从那里衍生出了几个流浪的殖民物种，并获得了本土植物的大致特征。岛屿面积这么小，土著生物的数量却极多，而其分布范围又极小，这着实让人震惊。因为每个山头都有火山口，而且大多数熔岩流的边界仍然清晰，我们不得不相信，在很近的地质年代内，这里还是一片汪洋大海。因此，从空间和时间上，我们似乎都更加接近那个伟大的真理，所谓奥秘中的奥秘，即新物种在这个地球上的首次出现。

诚如达尔文在《物种起源》的“绪论”中开宗明义地指出的，

作为博物学家，我曾随“小猎犬号”皇家军舰，做环游世界的探索之旅，此间，南美生物的地理分布以及那里的今生物与古生物间地质关系的一些事实，

> 令我印象至深。这些事实似乎对物种起源的问题有所启迪；而这一问题，曾被我们最伟大的哲学家之一称为“谜中之谜”。归来之后，我于1837年就曾意识到，耐心地搜集和思考各种可能与此相关的事实，也许有助于这一问题的解决。

这些事实在《小猎犬号航海记》中都有生动的描述，包括他在巴塔哥尼亚发掘的哺乳动物化石以及将其与现生近缘种类的对比、南美两种大小不同的鸵鸟的地理分布型式，以及加拉帕戈斯群岛的达尔文地雀与陆龟等等。

总之，时至今日，每当阅读《小猎犬号航海记》时，我们依然感到其内容与文字的灵动与鲜活，一点也不像是近一百八十年前的“古书”。与《物种起源》一样，《小猎犬号航海记》在近一百八十年间从来没有绝版过，一直印行、一直长销，也一直为人们阅读和谈论着。

一本妙趣横生的书

除了我前面谈到的历史意义与理论意义之外，《小猎犬号航海记》首先是一本妙趣横生的书。它记录了一个失去的世界：达尔文环球考察发生在工业革命之前，那时候没有飞机，更没有互联网，与今天的地球村大相径庭。相对于欧洲，那时的南美与澳大利亚即是世外桃源，《小猎犬号航海记》记述的风土人情，宛如人类社会的“侏罗纪公园”，倘若现在或将来有机会造访这些地方，你再也看不到达尔文所描述的彼情彼景了：

> 头天晚上，我们住在一个僻静的小村舍。我很快发现，我带的两三件东西，尤其是袖珍指南针，让人惊讶无比。家家户户都让我把指南针拿出来给大家看，并借助它在地图上指出各个地方的方向。他们对我敬佩有加，因为我一个陌生人，来到一个陌生的地方，居然认识路（方向和道路在这个乡下是同义词）。一个卧病在床的年轻女人，也特地请我去让她瞧瞧指南针。他们觉得我奇怪，我看他们更吃惊：这些拥有成千上万头牛和巨大的“庄园”的人们竟然如此愚昧无知。唯一的解释是这个偏僻地区很少有外人来访。他们问我，地球或太阳会不会转动，北方是更热还是更冷，西班牙在哪里，等等诸如此类的问题。大部分居民都含含糊糊地认定英格兰、伦敦和北美是同一个地方的不同叫法；有点知识的人却知道伦敦与

北美是比邻的独立国家，而英格兰是伦敦的一个大城市！

在黑奴制废除已久的今日之巴西，当地黑人若遭遇外来的白人访客，再也不会显得这般俯首帖耳、惊恐万状了：

我当时跟一个黑人一起坐渡船过河。这人蠢笨到了极点。为了让他明白我的意思，我边大声说话，边打手势，结果巴掌差点碰到他的脸。我猜，他见我这么激动，就以为我想打他。他满脸惊恐，半闭上眼睛，赶紧把双手垂下来。我永远不会忘记我感受到的吃惊、厌恶和羞耻：这么高大强壮的一个人，竟然不敢抵挡他以为会冲他脸而去的一拳。这个男人已经被调教得比一个受驾驭的牲口都低贱了。

一般说来，达尔文的著述并不以幽默见长；但当我们读到下面这段文字时，总会情不自禁地会心一笑：

使用拉佐索或流星索的最高难之处是骑术要好，

在全速前进并突然转身时，拉佐索或球在头上仍然抡得稳稳的，还可以瞄准。徒步的话，这个技巧谁都能很快学会。有一天，我自娱自乐练习疾驰中把球在头上抡圆时，转动的那个球意外地撞上了一簇灌木，立即停止旋转，落在地上，又突然间像变戏法一样，缠住了我的马的后腿。另外那个球旋即从我的手里被拽出去，马就被捆牢了。幸好这是一匹有经验的老马，知道是怎么回事，没有不停地乱踢把自己摔倒。高乔们哄然大笑，他们大声嚷嚷，说见过捉任何动物，但还从没有见过人把自己给捉住了。

上面显然是青年达尔文调皮举动的瞬间定格，下面则记述了他在加拉帕戈斯群岛骑着陆龟玩儿的经历，读来令人忍俊不禁：

最好玩的是，追上一个这么慢慢踱步的大怪物时，看它在我超过它的瞬间，如何突然把头和腿缩进壳里，发出一声深沉的嘶嘶声，然后轰然伏地，好像被击中而亡。我经常爬到它们的后背上，在龟壳尾端拍几下，它们就会站起来接着走，但我发现很难保持平衡。

读过《物种起源》的读者，很难想象出下面这段文字竟是出自同一人之手：

> 现在来看看这几年的光明面。从观赏各个国家的风景和总体印象而获得的快感，绝对是最可靠和最大的享受。欧洲许多地区的如画美景极有可能超过我们沿途任何地方所见，但更多的快感源自比较不同国家的风光特色，这与单纯的欣赏某地的美丽，在一定程度上是不同的。这主要取决于对每处风景的各个细节的熟悉程度。我绝对相信，如同音乐，懂得每一个音符的人，如果他还拥有恰当的品位的话，更能欣赏全曲；同理，能够欣赏美景的每一部分，就能更深刻领会其全面及综合的效果。因此，一个旅行家应该是一个植物学家，因为所有的风景中，植物都是最主要的装饰。一大堆光秃秃的岩石，即使有最桀骜不拘的形状，初看或壮观无比，但很快就变得单调。赋予鲜艳多变的色彩，如在智利北部地区那样，它们就显得奇妙了；再披上植被，它们就必然会有姿有色，即使还算不上美景。

让我们再来看看达尔文对广阔无垠的大海的礼赞吧：

> 只有在这个伟大的海洋里航行过，才能领会到它的浩瀚无边。连续几个星期的快速航行中，我们一无所见，除了这一成不变的、蔚蓝幽深的海洋。即使驶入一个群岛之中，岛屿也就像一个个的斑点，而且彼此离得远远的。习惯了看比例缩得很小的地图，上面点、面和名字都挤在一起，我们无法正确地判断陆地与这广袤无垠的大洋相比多么微不足道。

两部经典，交相辉映

《小猎犬号航海记》与《物种起源》是达尔文所著的两部交相辉映的不朽经典。由于两部书的内容性质不同，写作风格也迥异。尽管达尔文一生著作等身，他却说："我从未受过文体的训练，我写作时，只是先把材料在脑子里尽量理清，然后用我能够随手拈来的普通语言表达出来而已。"窃以为，达尔文的这番夫子自道，既是谦词，也是实情。我发现，在这两部风格迥异的书中，达尔文所受弥尔顿《失乐园》的影响时隐时现：从"生命之树"到

“纷繁的河岸”，从“岛屿也就像一个个的斑点”到“连风都比地壳稳定啊”。

作为一个西方古典音乐资深发烧友，我常常爱拿音乐来作类比。在我看来，倘若把《物种起源》比作气势恢宏的瓦格纳大歌剧的话，《小猎犬号航海记》恰似普契尼的《蝴蝶夫人》或威尔第的《茶花女》；抑或，倘若把《物种起源》比作贝多芬的第九交响曲（《欢乐颂》）或马勒第八交响曲（《千人交响曲》）的话，那么《小猎犬号航海记》就像莫扎特的一组组玲珑剔透的即兴钢琴小品。若从文字风格上比较，我会不揣冒昧地用我所喜爱的两位盛唐诗人作比：《物种起源》好比杜子美的“繁枝容易纷纷落，嫩蕊商量细细开”那样谨严内敛，而《小猎犬号航海记》则宛如李太白的“天生我材必有用，千金散尽还复来”一般豪放不羁。总之，无论从科学角度还是从文学角度出发，达尔文的这两部经典都值得我们一读再读、仔细玩味。

最后，我想借机至为荣幸地介绍一下本书译者陈红女士。我与她虽然从未谋面，却又似乎心仪、相知很久。我们是很多年前在网上结识的文友，她1980年代末毕业于北京大学生物系，旋即留美，在美获生物学博士学位，其后一直在波士顿地区从事医学生物学研究。跟我一样，她也是达尔文门下的“走狗”。她最初引起我的注意，是由于她博览群书、才思敏捷，而且英文写作流畅、地道。因此，当译林出版社寻找《小猎犬号航海记》译者时，我便毫不犹豫地推荐了她。此前我并未见过她的中文文字，但我深信，一个母语不好的人，其外语水平绝对好不到哪里去。当我读罢她的部分译文初稿时，心中喜悦之情油然而生。我前面引述的《小猎犬号航海记》的一些段落便摘自该书，她译笔的灵秀与精湛，读者自可借此评判，就无须我絮絮叨叨了。

“读书之乐何处寻，数点梅花天地心。”我深信本书一定会给读者们带来类似的阅读体验。

改变了达尔文人生的环球科考

多年前阅读艾伦·摩尔海德（Alan Moorehead）的经典名著《达尔文与小猎犬号》时，对开头一段印象至深，于今难忘（大意如下）：

> 达尔文令人着迷处之一，在于他属于此类人中的一员，即他们人生中无法预测、无比幸运的大逆转，全靠一次从天而降的狗屎运。此前的二十一年人生中，达尔文乏善可陈，未曾表现出任何过人的资质；机会骤降，祸福难测；但偏偏是天上掉下来的一张大馅饼（而且是一连串的馅饼），落到了他的手中——他从此青云直上、再未回头。此事看似不可避免、命中注定；事实上，在1831年，整个英伦，包括达尔文

本人在内，谁也没想到他会有不可估量的前程。而在达尔文疾病缠身、功成名就的暮年，也几乎无人能从其身上窥见他当年踏上“小猎犬号”之际的“雄姿英发，羽扇纶巾”的公瑾形象。

诚然，若没有富足的家庭背景，没有舅父和父亲的支持，没有剑桥大学的人脉，没有亨斯洛教授的举荐，达尔文根本就不可能有参加“小猎犬号”环球考察的机会，当然也就不会有他此行所采集的、至今仍珍藏在英国各大博物馆的大量博物学标本，也就不会有《小猎犬号航海记》《物种起源》等传世经典，更不会有以自然选择为机制的生物演化论——现今生命科学的理论基石。因此，要说这一切都缘于幸运，自然也是不可否认的事实。达尔文本人在晚年也坦承，“‘小猎犬号’环球考察是我一生中最重要的经历，并奠定了我整个学术生涯”；“是亨斯洛教授成就了我的今天”。

然而，幸运只是成功的跳板；平心而论，达尔文之所以对人类认知做出了如此巨大的贡献，他个人的天赋才情、努力和勤奋，怎么强调也不为过。为了矫正摩尔海德论述的偏颇，只要用心地阅读《小猎犬号航海记》即可。

该书是青年达尔文的成名之作，不仅记载了所访各国的博物学新知，而且描述了那里的地理风貌、风土人情以及达尔文本人的心路历程。事实上，这本书原本就是由他考察途中所写的日记整理而成。由于是记录沿途所见所闻、寄回英国家中给亲人们阅读的，这本书语言生动活泼、读来引人入胜。该书甫一出版即获得巨大成功；而且一百多年来长销不衰，并被译成多种文字。它不仅是博物学经典，也是旅行探险文学经典。在企鹅出版公司发行的“企鹅经典”丛书中，《小猎犬号航海记》是被列入文学、历史、考古学三大上架类别的。在达尔文众多著作中，他本人对这本书也情有独钟，正如他晚年的夫子自道：“比起我的其他著作，这本处女作总是更能挠中我的虚荣心之痒。”

没错儿，达尔文幸运地出身于富贵名门，一落地嘴里就含着个“银汤匙”。他原本可以一生尽享荣华，不必为饭碗发愁，无须看老板脸色，无须申请研究课题，无须为写论文而绞尽脑汁。然而，他比任何一位眼下在

六岁的达尔文与姐姐凯瑟琳，粉彩画

学术界“挣扎”的“青椒”都要勤奋。他二十二岁就背井离乡，离开舒适的“金窝”，冒着沉船的危险、忍受严重晕船的痛苦，远航“蛮夷”之地，充满无限不确定性，去探索一个未知的、奇怪的、比人们相信的要古老许多的、光怪陆离的世界。打开《小猎犬号航海记》这本奇书，我们便可以跟随达尔文，一窥那个如今已远去的世界。达尔文沿途考察自然、阅读岩石，生动形象地记录所见所闻。西谚说“眼见为实”（Seeing is believing），读罢这本书你才知道，达尔文究竟看到了多少东西！还有个中国成语叫“栩栩如生”，读这本书，你会如同身临其境。诗意的描述，重现达尔文眼中的世界。他曾说过，在环球考察期间，他是“部分地借助莱尔的眼睛去观察世界的”；而我们现在阅读《小猎犬号航海记》，则是通过达尔文的眼睛去观察那个我们无法企及的神秘世界。透过他年轻时清新的文字，我们能够“听取蛙声一片”：

> 白天的炎热退去，坐在花园里静静地看黄昏没入黑夜，如饮甘怡。这里大自然遴选的歌手比欧洲的更卑微一些。一个雨蛙属（Hyla）的小家伙，坐在离水面一英寸的小草叶上，送来悦耳的叫声。几个在一起

时，它们就来一个多声部合唱。我颇费了一番工夫才逮住一个做标本。这一属的雨蛙脚趾端有小吸盘，我发现它能爬上完全竖立的玻璃板。各种蝉和蟋蟀也噪声不断，但因离得比较远，倒也不难听。每晚天一黑，它们的大型演唱会就开幕了。我经常坐在那里聆听，直到我的注意力被飞过的一些稀奇古怪的昆虫吸引去。

通过达尔文的眼睛，我们还能看到萤火虫栩栩如生、欲从书页中飞出来的场景：

我发现这种萤火虫被刺激时发出的光最亮，随后腹部的光环会黯淡下来。身上的两个光环几乎同时发光，但会先察觉到身体前部那个的亮度。发光物质是很黏稠的液体；撕裂的皮肤伤口处会有小亮点继续闪烁，而没有受伤的部位变暗。把头去掉，光环会继续发亮，但没有那么明亮；用针刺激局部会增加亮度。有一次昆虫死后，光亮持续了近24小时。这些观察说明，这种昆虫只能短暂地掩藏或灭掉光环，其他时候是不自主地发光。我在泥泞潮湿的沙土路上找到大量这种萤火虫的幼虫。它们的体形大致类似英国萤火虫的雌虫。这些幼虫可以发出微弱的光。与成虫不同，轻轻一碰，它们就假死，停止发光；也不因刺激而发光。

你能够用眼睛死死地盯着几只鹰，目不转睛地观察它们近半个小时吗？达尔文能做到：

一群安第斯神鹰在某个地点一起盘旋时，其飞翔姿势非常美观。除了从地面起飞的时候，我从未见过它们扇动翅膀。在利马附近，我目不转睛地盯着几只鹰观察了近半个小时，它们划着弧线，一圈又一圈地升高降落，却不动一下翅膀。当它们在接近我的头上滑行时，我斜着身子紧盯着每个翅膀终端的那几根分开的大羽毛的轮廓：哪怕翅膀只轻轻地抖动一下，这些羽毛看起来也会混为一片。但在蓝天映衬下，每根羽毛历历在目。头和脖子倒是使劲地动来动去，展开的双翼似乎是其颈部、身体和尾部动作的支点。

诸位看官千万别小瞧这种观察的功夫！观察是科学家

们（尤其是博物学家和生物分类学家）的看家本领，一如京剧演员在戏台上走圆场是唱戏的基本功。哈佛大学比较动物学博物馆的奠基人路易·阿格塞，曾让他的学生们拿着一条鱼，对其外表观察一整天，并做描述。班上的大多数学生都没能通过这一关。

然而，并非所有的观察都是那么令人厌倦的：

> 落日辉煌无比，此时安第斯山谷一片黝黑，雪峰却散发出一种红宝石般的光彩。天黑后，我们在一个小竹亭里点起了篝火，把干牛肉片烤上，再喝点马黛茶，非常舒适安逸。这样的露天生活有一种难以言表的魅力。夜深人静，偶尔能听见毛丝鼠刺耳的尖叫、夜鹰若有若无的哀啼。除此之外，这些干燥、炎热的山区里鸟很少，连昆虫都不多。

与《物种起源》不同，《小猎犬号航海记》主要不是有关生物演化和生存竞争，而是关乎生物多样性、动物行为和地质现象，关乎自然界的奇异和壮美，以及微小变化的长期积累带来的可能性。在达尔文的眼里，自然界里所有庞大的、奇异的、美妙的、貌似经过“设计”的东西，都是偶然机遇加上漫长时间的结果。而这一“彻悟”，则是他的伟大理论之母。因此，一如不读《物种起源》不能算受过正规教育，不读《小猎犬号航海记》，你就无法深刻理解《物种起源》。

《物种起源》中有两章是关于地质学的，若非他在环球考察期间仔细研读了莱尔的新著《地质学原理》、实地考察了南美地质，他是不可能写出这两章的。南美科迪勒拉山系的隆起、1834年智利大地震、加拉帕戈斯群岛的15个火山锥小岛以及其中两个小岛上布满的熔岩，使达尔文对莱尔的均变论有了第一手的观察和深刻的理解。

更重要的是，达尔文在加拉帕戈斯群岛观察到的各种土著动植物，引起了他的深入思考：它们是如何迅速布满这片崭新的土地的？是神创的，还是从相邻的大陆迁徙而来的？他的确发现这些动植物群来自厄瓜多尔及其周边地区，但是它们与原产地动植物群的异同以及各个小岛上相似物种间的细微差别，复又引起了他更加深远的思索。倘若没有上述这些亲身经历、观察和思考，伟大的达尔文生物演化论是绝不会凭空从天上掉下来的！

达尔文手绘的南美海岸岛屿地质图

回到本文的开头，达尔文的伟大成就真的缘于“狗屎运”吗？是，但又不完全是！无疑他是幸运的，但光有运气是不够的，是他的运气与能力、勤奋结合在一块儿，才成就了他一生的伟业。因此，对青少年读者们来说，《小猎犬号航海记》无疑是一本最好的励志读物。没有比美国诗人伊丽莎白·毕肖普下面这段话更适合做这篇导论的结束语的了：

> 我确实崇拜达尔文！当你阅读达尔文，你敬佩他从无尽的、英雄般的观察中所构建起的美丽的、坚实的理论框架，几乎是下意识地或自动地——然后，突然释放。你会感到他工作的奇特，看到一个孤独的年轻人眼睛死盯着事实和不起眼的细节，沉湎于眼花缭乱的未知世界。人们在艺术中所寻求的也是同样的东西，这种东西是创新所必备的：一种忘我和无用的专注。

达尔文与化石

达尔文堪称全能型的博物学家，他在博物学的各个领域都卓有建树。然而，相对说来，古生物学却是他知识领域的短板，尽管在他提出生物演化论的过程中，古生物学占有极为重要的分量——毕竟化石才是生物演化的“实证”。

当然，这与达尔文的教育背景密切相关，他基本上属于我们今天所说的“自学成才”型学者。他的动物学基础主要是在爱丁堡大学读医学院的一年间，非常“不务正业”（以至于一年后即中途退学），不惜“翘课”跟着动物学家格兰特先生学习海洋无脊椎动物学而打下来的；后来，他还花了长达八年的时间专门研究藤壶，因此，他是实至名归的藤壶专家。在昆虫学方面，由于他长期执着地爱好和收集昆虫（尤其是甲壳虫），故也有相当好的基础。不过，达尔文的最强项当数植物学了；他在剑桥大学读书时，受其良师益友、植物学教授亨斯洛先生的影响最大，因而在植物学方面打下了坚实的基础，这也反映在他日后出版的好几部植物学著作中。

相形之下，地质古生物学是达尔文博物学知识中比较薄弱的一环。他在大学期间从未系统地学习过地质古生物学——这也毫不足怪，一是因为他原本是准备读神学的，二是在那个时代，剑桥大学尚未开设地质古生物学的正规课程。实际上，维多利亚时代的科学研究，远不像今天的情形。那时候各门学科都在草创阶段，很多学科的“开山鼻祖”，依据今天的标准，大概都只能算是“民科”。大学里也还没有正规的科学专业设置，远不像今天如此按部就班地训练专业人才。所幸在达尔文自剑桥大学毕业的那个暑假里，经亨斯洛教授介绍和推荐，他曾跟随剑桥大学的地质学教授塞奇威克去威尔士北部

亚当·塞奇威克

做了为期两周的地质考察。

极具喜剧意味的是，在达尔文成为生物学家之前，他的主要身份却是地质学家。此外，由于他在环球科考的地质学研究方面做出了诸多贡献，他被选为伦敦地质学会理事——这在当时，是科学界非常崇高的学术地位，因为那时的伦敦地质学会汇聚了一批声名显赫的学术大咖，包括莱尔、塞奇威克、默奇森、巴克兰、帕金森等。

值得指出的是，达尔文的地质古生物学知识着实帮了他很大的忙。由于他在环球科考中收集了大量地质古生物学方面的资料和证据，因此在《物种起源》初版十四章中，他专辟两章讨论地质古生物学。即便在今天看来，他的地质古生物学知识也十分扎实。比如，达尔文对南美古哺乳动物化石的研究，启发了他对地史上生物绝灭现象以及物种可变性的正确理解，为提出生物演化论奠定了基础。在《小猎犬号航海记》第五章中，达尔文详细记录了他在阿根廷发现和挖掘贫齿类哺乳动物化石（大树懒、箭齿兽等）的情景；当然，他当时的知识背景还无法让他马上认识到这些化石与现生哺乳动物之间具体的演化关系，还需等到回国后交给欧文那样的专家去鉴定和研究。

然而，即令如此，达尔文还是从这些化石与现代同类哺乳动物的相似性上，窥见了生物演化的“大图景”：旧的物种灭绝了，并从中演化出了新物种。因此，他对“物种固定论”产生了深刻的怀疑。按今天的标准，他在还不能准确鉴定化石属种的情况下，就洞悉了它们在生物演化中的意义，这是何等地了不起啊。

长期以来，一般人一直都有一个误解：达尔文最早对“神创论”与“物种固定论”产生怀疑，始于在加拉帕戈斯群岛的考察结果。实际上，远在他抵达加拉帕戈斯群岛之前，当他在南美大陆发现了那些哺乳动物化石时，他就开始产生了上述疑问。正如他在《物种起源》“绪论”一开头就写道的：南美大陆“……的今生物与古生物间地质关系的一些事实，令我印象至深。这些事实似乎对物种起源的问题有所启迪”。显然，南美大陆的古生物与今生物之间的关系，使他开始心生疑团，而加拉帕戈斯群岛不过是最后固化了他的信念而已。

近年来，有些学者持有跟我上述类似的观点；甚至有人认为，倘若当年“小猎犬号”的航程是先到加拉帕戈斯群岛，尔后才靠岸南美大陆的话，或许这段发现的历史就要重新写了。理由之一是，达尔文当时对加拉帕戈斯群岛上的地雀并没有特别在意，反而是那里的植物更引起他的好奇。当他在加拉帕戈斯群岛的各个小岛上看到了形态相似但又不完全相同的植物种类时，他立刻意识到这很可能就是亨斯洛教授当年在课堂上所说的同种植物的不同“变种”（达尔文后来在《物种起源》中称之为“雏形种”）。并且他明了这些变种可能与各自生活的环境差异息息相关，因此，达尔文有意识地仔细采集了这些植物标本，并把它们的确切产地以及采集日期都详细地记载了下来。十多年后，这些植物标本经他的好友、著名植物学家胡克先生研究，证实了达尔文最初的猜想。相比之下，达尔文在采集各个小岛上的地雀标本时，就没有立即关注到它们之间的细微差异，故没有做出十分详细的标记，以至于后来鸟类学家古尔德先生研究时，起初曾为缺乏确切的产地信息所困扰。因此，后来的研究者科恩等人写道：“委实，当达尔文最初登上加拉帕戈斯群岛时，他显然认为植物比鸟类更有趣，因此他就没有同样仔细地标记鸟类的确切产地。”

当然，今天我们无法（甚至也不应该）用“后知后觉”去试图重建达尔文当年的思想历程。我们唯一感到庆幸的是，他不仅证实了生物演化的事实，还发现了生物演化的主要机制——自然选择。一百六十多年来，达尔文生物演化论带来的最大冲击，无疑是把上帝无所不能的创造力彻底否定了。这种影响远远超出了科学范畴，进而引发了深刻的思想革命。它不仅奠定了生命科学这个大学科的理论基础，还改变了全人类的思维方式、认知方式和行为方式，成为有史以来最重要的科学发现之一。而在这一场科学革命的过程中，化石曾扮演了举足轻重的角色。时至今日，尽管分子生物学与基因组学等领域的研究突飞猛进，古老的古生物学依然在演化生物学中十分活跃，有时候甚至于显得一枝独秀，因为只有化石才称得上是重建生物演化历史的“实锤”证据，并常常被比喻成发现于刑事案件案发现场的“冒烟的枪膛”（the smoking gun）。

2

达尔文生物演化论诞生的故事

归乡喜若狂

1836年10月2日，星期天。一艘在今天看来很不起眼的木帆船，缓缓地驶入位于英国西南部的一个马蹄形港湾——法尔茅斯港。当时，法尔茅斯港的人几乎无人知道这是一艘日后注定要载入人类史册的英国皇家战舰——“小猎犬号”，她刚刚完成了历时四年二百七十八天的环球考察。说她是战舰，只是因为她隶属英国皇家海军部，执行远航到南美洲测量海岸的任务。“小猎犬号”委实貌不惊人，她只是一条90英尺（1英尺约为0.3米）长的木帆船，并不是如今人们想象中的钢甲铁板的军舰。

1836 年 10 月 2 日，“小猎犬号”战舰驶入法尔茅斯港

然而，“小猎犬号”此次的航行，却被誉为“人类航海史上最伟大的航行”，这全仰仗着随行有一位二十岁上下的青年人达尔文。他此次途中所观察到的一些生物和地质现象，启发他提出和证实了以自然选择为主要机制的生物演化论，彻底颠覆了当时人们对这个世界（特别是人类自身）的认知，引起了一场科学和思想上的深刻革命。时至今日，这一理论依然享有众多学科的证据支持，是阐明生物物种随着时间不断演化及地球上生物多样性形成的最合理理论，奠定了整个生命科学的理论基础。《物种起源》的发表彻底改变了当时人们对自然界的理解，是科学史上最重要的事件之一。在其后一百六十多年时间里，达

尔文对科学发展的贡献日益彰显，成为有史以来最伟大的科学家之一。一如宫廷戏中的“母因子贵”，“小猎犬号”也因为达尔文而名垂青史。

其实，法尔茅斯港并不是“小猎犬号”返航的终点港口，她之所以在这里做短暂停留，是因为舰长菲茨罗伊急需靠岸投寄两封重要信件：一封信寄给伦敦的海军部长，知会他“小猎犬号”抵达普利茅斯港的确切日程，以便她抵达目的地时如英雄般受到欢迎；另一封信寄给他的恋人（很快将成为他的未婚妻），告诉她自己的归期。离别五年长相忆，青年恋人之间的相思之苦，岂是一封封蜗牛般的信件所能承载的！尽管如此，菲茨罗伊还是把这份急不可待的热切心情按捺在心底，对他的同伴好友达尔文，也未曾吐露一字。相形之下，与他同行的达尔文，完全等不得在普利茅斯港接受海军部的欢迎仪式，便从法尔茅斯港上岸，改乘邮车径直赶回家中去见离别五年、朝思暮想的老父及姐妹们。即便用归心似箭来描述他此时的心情，也显得苍白无力。

颇具戏剧色彩的是，1836年10月2日晚，风高月黑夜，一向性情沉稳、内向，在“小猎犬号”上被大家尊为绅士与“哲学家”的达尔文，竟悄悄上岸、不辞而别，独自登上夜车，匆匆赶回故乡什鲁斯伯里（Shrewsbury），急切地去与家人团聚。

看似一反常态的行为，却是历经五年分离与磨难之苦的瞬间爆发：达尔文与“小猎犬号”的爱恨交织之情，贯穿整个航程始终。没错儿，参加这次环球之旅是一个酷爱博物学的大学毕业生的梦想。然而，梦想是罗曼蒂克的，现实却是骨感的。请想象一位从小就养尊处优的公子哥儿，在长达五年的时间里，与年长自己仅六岁、喜怒无常的舰长，蜗居在船内的逼仄斗室，屋子里连张单人床都放不下，只能睡在晃晃悠悠的吊床上。达尔文天生晕船，更使这种生活雪上加霜，几乎难以忍受。尽管他跟舰长维持着相当不错的关系，更与其他船员情同手足，但在五年内既有极大的收获，也伴随着莫大的痛苦。当年的海难常见，像“小猎犬号”这样的“战舰”，被戏称为海上“漂浮着的棺材”，其航行的危险性可见一斑。在起航不久，达尔文的初恋女友芬妮·欧文，就没有耐心等待他的归来，而嫁作他人妇。

青年达尔文

对二十二岁的青年达尔文来说，失恋的打击是何等地沉重！不特此也，达尔文幼年丧母，老父与姐妹跟他唇齿相依。离家这么久，“小猎犬号”在法尔茅斯港一靠岸，他的心就飞回了家中。他实在不能忍受再拖延两天才能回家的想法！

达尔文风尘仆仆地赶到家中，正是早餐时分。当时阖家欢乐的场景，被他丧母后自小待他如慈母的姐姐卡洛琳记录了下来：“在此之前，他杳无音信；对他的归来，我们事先一无所知——直到今天早晨他突然从天而降！合家的欢乐气氛是难以言喻的。可爱的查尔斯看到父亲健康无恙，又安好地回到了我们身边，一向在表达感情上颇为笨拙的他，表现出对我们无限的依恋与爱昵之情……”而向来严肃的父亲罗伯特医生，也一反常态，拉住查尔斯的手，仔细地上下打量，突然跟大家说：“你们瞧，他的脑袋都变形啦！”随着发际线的上移，达尔文原本硕大的前额变得愈加突出。父亲的话语中掩饰不住对爱子的心疼与骄傲，因为此前不久，剑桥大学一位著名的教授曾对罗伯特医生说过，他儿子很快将成为伟大的科学家了。曾对学业乏善可陈的儿子一度失望的老父，注视着满怀新知与见识平安归来的爱子，心里真是乐开了花啊……

回到家两天之后，归乡的狂喜尚未散去，骨子里透着绅士气息的达尔文，便坐下来给菲茨罗伊舰长写了一封长信；对在法尔茅斯港不辞而别一事，深表歉意并请求谅解。同时，年满二十七岁的达尔文，突然有了莫名的紧迫感：昔日的同学中，很多人皆已成家立业，自己依然独身，职业生涯也似乎尚未起步。浪迹天涯的旅程已经结束，从现在起必须争分夺秒，尽快收获环球科考的成果。

余下来的已成历史：在其后二十多年间，达尔文勤奋著述，硕果累累。他在而立之年成了畅销书作家，那本书就是《小猎犬号航海记》；他在知天命之年，又出版了《物种起源》——被誉为“震撼世界的科学经典”。最近，这两本书又有了新的中译本，每个识文断字的中国人，都不能不去读一读哦！

最后，让我用达尔文四世孙女的诗句，来结束这篇短文：

世间每个有机体
是何等地精巧美丽，
因为它的直系祖先
掩埋在地下的岩石里，

抑或它的共同后裔
以其他形式生存在别处，
或早已在远古消失。
通过饥荒、死亡、生存斗争，
达到崇高目的。

我们可以设想一下
高等动物如何创立，
我们最初的冲动
令我们怀疑——
次级定律如何能产生
如此美妙如此神奇的
无数生命机体？
迷信的回答看似极端容易，
一切归功于
造物主的精心设计。
更简单的答案却恢宏壮丽——
无需超自然力
也不靠上帝，
地球照转

全凭万有引力；
从最初几个或一个简单生命体，
依照自然定律
通过自然选择，
无数最美丽最奇异的生命
业已演化出来，
并仍在继续。

跻身伦敦学术界

罗伯特医生家普通的一天，由于游子的归来而充满了节日般的欢乐。这也是令达尔文终生难忘的一天，因为晚餐之后父亲头一次兴致勃勃地跟自己谈起今后的打算；而且，父亲行前曾要求他回来后做牧师的那档子事，此时也只字不提啦！达尔文坦诚地告诉父亲，虽然自己对未来的打算尚未深思熟虑，但有一点是肯定的——他想投身科学事业，终生从事博物学研究。罗伯特医生听罢，按捺不住心中的喜悦，深情地对爱子说：我再也不会勉强你去干你不喜欢的事了，科学研究是高尚的事业，我会在经济上全力支持你的。有了父亲的这句话，达尔文深知：自己此生不必为谋生而屈就任何工作，可以尽情地去干自己喜欢的事了。

维多利亚时代的科学家，大多属于所谓“绅士科学家”。他们跟达尔文一样，一般都出身于富贵之家，终生衣食无忧，故无须投身职场、受工作的羁绊。他们是一群名副其实的科学“玩家”，做着兴趣导向型的研究工作。这正是孔老夫子所说的：“知之者不如好之者；好之者不如乐之者。”如今的职业科研人员，对此简直要羡慕死了。

达尔文得到了父亲对自己职业选择的首肯以及经济支持的承诺，无异于“万事俱备只欠东风”，他刻不容缓地要做的，是迅速跻身于等级分明的伦敦学术精英行列。这时候，他自然而然地想到了自己的“贵人”——亨斯洛先生。亨斯洛先生是达尔文在剑桥大学求学时的植物学教授，也是对他有知遇之恩的良师益友。剑桥大学原本是以培养神职人员著称的，但恰巧在达尔文入学前，学校里涌现出一批具有广泛自然科学背景的年轻教授。亨斯洛教授即是其中一位，他是百科全书型的学者，一度还曾担任矿物学教授。他在剑桥乃至伦敦科学界的人脉很广。酷爱博物学的达尔文很快受到了亨斯洛教授的赏识，并被邀请参加亨斯洛教授家中定期举行的周五晚间学术聚会。因此，通过亨斯洛教授，达尔文在剑桥读书时，就结识了不少当时的知名学者以及一群志同道合者。由于达尔文在校期间与亨斯洛教授过从甚密，他被同学们戏称为“跟亨斯洛教授一起散步的人”。而五年前，正是亨斯洛教授举荐他参加“小猎犬号”环球科考。

不仅如此，在达尔文随“小猎犬号”环球科考的五年间，亨斯洛教授留守剑桥，志愿担任达尔文的“业务代理”以及“事业经纪人”。达尔文把他采集的标本沿途陆续托运回剑桥，都是亨斯洛教授代为接收、开箱、分类保管，并提前与伦敦的有关专家、学者联系，事先为达尔文牵线搭桥寻找合作者。在整个环球科考期间，达尔文频繁给亨斯洛教授写信，分享自己有趣的见闻与科学发现；而亨斯洛教授不仅把这些信件摘要在学术会议上宣读、与同行们分享，还及时将它们整理发表在一些学术期刊上。通过这些方法，亨斯洛教授希望，尽管达尔文身在千万里之外，他的名字也能被国内的学术精英们熟知。事实也是如此，达尔文在返英之前，即为英国地学界和博物学界的一流学者们所知，大家都翘首盼望他归来，以便与其合作研究这些重要标本。

达尔文在给菲茨罗伊舰长写完致歉信之后，紧接着便给亨斯洛教授写了一封短信，知会他自己已经回到家中，希望及早与他见面，向他当面请教自己下一步应该做什么。达尔文在家中度过了洋溢着浓厚亲情的一周，便赶往剑桥去见他的恩师亨斯洛教授，连舅舅家都还没来得及去拜访——他这分明是争分夺秒啊！他必须及时处理那些辛苦采集来的珍贵科学标本，以及聆听亨斯洛教授对自己学术生涯规划的建议。达尔文在亨斯洛教授家里住了四天，向亨斯洛夫妇汇报五年的科考经历，而亨斯洛教授则着重建议达尔文尽快去伦敦安下身来，与伦敦各方面的专家建立联系和合作关系并发展友情，争取迅速跻身伦敦学术界，在那里谋求职业发展。当务之急是去伦敦集中处理动植物标本，因为那里有大的博物馆可以接受和妥善处理保存这些标本，而且各方面的专家也都集中在伦敦，他们可以对这些标本做初步鉴定和分类描述。而矿物岩石标本则可留在剑桥——剑桥大学有足够的地质学教授帮忙，亨斯洛教授本人也是矿物学家。

达尔文在剑桥道别了亨斯洛夫妇之后，便径直赶往伦敦。“小猎犬号”尚未靠岸，他抓紧这一间隙，每天乘坐四轮马车，马不停蹄地在伦敦四处奔走，为自己采集的标本寻找归宿并拜访学术界各路“大咖”。达尔文的名声及其标本的“诱惑”，使那些一贯矜持甚至高傲的机构和专家们，放下了身段接待达尔文；各方面的一流专家“各取所需”，承诺研究达尔文带回的标本。其中，“英皇学院”动物学教授贝尔“认领”了爬行类和甲虫类标本，大英博物馆的沃特豪斯将研究哺乳类以及部分昆虫标本，布罗德力普先生将研究贝类，著名鸟类专家古尔德将研究鸟类，詹宁斯将研究鱼类，哺乳动物化石则由解剖学家欧文教授担纲研究……这些研究者都是各领域的“大咖”，实乃“一时之选”。至此，达尔文带回的标本基本上都有了着落。一周后，“小猎犬号”到港，达尔文卸下最后一批标本，分存停当之后，又匆匆赶往舅舅韦奇伍德家，去拜望曾鼎力支持自己的舅舅以及众多表姐和表兄弟们。

达尔文打小起，就是舅舅家最受欢迎的贵客之一，这可能与他母亲的早逝不无关系。他八岁丧母，除父亲以及兄弟姐妹之外，舅舅一家便是达尔文最亲的亲人了，舅舅家“麦尔”也是他的第二个家。达尔文的到来，无疑给舅舅家带来了无比的欢乐；尤其是一贯宠爱他的表姐们，围着他叽叽喳喳地问个不停。达尔文饶有兴致地耐心回答她们的问题，并且问道：“你们读过我分批寄回的日记吧？”大表姐莎拉说：“当然！我们都争相拜读过。尤其是艾玛读得最入迷，每次到了她手中，就很难再要回来。”一边说着一边还对着小妹做了个鬼脸，弄得艾玛面若桃花，羞涩地低下了头。艾玛是大他一岁的小表姐，自幼与他青梅竹马，至今依然待字闺中。艾玛原本有一箩筐的问题要问表弟，结果被大姐那么一说，反倒不好意思开口了，只是情不自禁地对达尔文说了一句：“你的日记写得真好看！”

舅舅马上接过话茬，关切地询问：“听说菲茨罗伊舰长想把你的日记跟他的航海日记集结出版？”达尔文答道：“是的，舅舅。他看过我的一些日记，十分喜欢，曾建议我整理一下，作为‘小猎犬号’航海记的一部分发表。我打算把流水账式的旅行日记整理成博物学考察日志，作为‘小猎犬号’航海记中独立的一卷出版。”舅舅听罢，大为赞赏。

达尔文在“麦尔”度过了愉快的四天，返回自己家中，取走环球科考的日记本，又匆匆“杀回”伦敦。伦敦动物学家们研究达尔文标本的论文已陆续问世，令达尔文喜不自禁。在他们的精神鼓舞下，达尔文花了整整一个冬天在剑桥研究地质标本，整理地质资料和考察日记，并开始撰写《考察日志》和一系列地质学论文。

冬去春来，达尔文又从剑桥返回伦敦，与菲茨罗伊舰长商讨出版《皇家军舰冒险号与小猎犬号航海考察记》事宜。他们商定由菲茨罗伊舰长撰写第一卷与第二卷，达尔文根据自己的日记编写第三卷。达尔文所著第三卷的原书名是：《菲茨罗伊舰长领航小猎犬号战舰环球之旅期间所访各国的博物学与地质学研究日志》。由于达尔文在第三卷中不仅记载了所访各国的博物学新知，还描述了那里的地理风貌、风土人情以及他本人的心路历程，这本书语言生动活泼、读来引人入胜，无疑是这套书中最为出彩的一卷，出版后即刻获得巨大成功。鉴于此，该套书的出版商抓住了商机，将第三卷抽出来，改用《小猎犬号航海记》这一书名，出版了单行本，以满足维多利亚时代的英国人对位于天涯海角的治外之地的好奇心。果不其然，《小猎犬号航海记》迅速成了畅销书，达尔文也因此一举成名。因而，《小猎犬号航海记》也成了达尔文的得意之作，以至于达尔文晚年提起此书时，依然津津乐道、情有独钟，自称是他著述生涯喜得的“头胎”（the firstborn）。

《小猎犬号航海记》深得德国博物学家、博物考察游记鼻祖洪堡的喜爱和赞赏，这是令达尔文始料未及、喜出望外的一件事。达尔文在剑桥求学的最后一年，曾以极大的兴趣反复阅读了洪堡的《南美旅行记》，深深陶醉于书

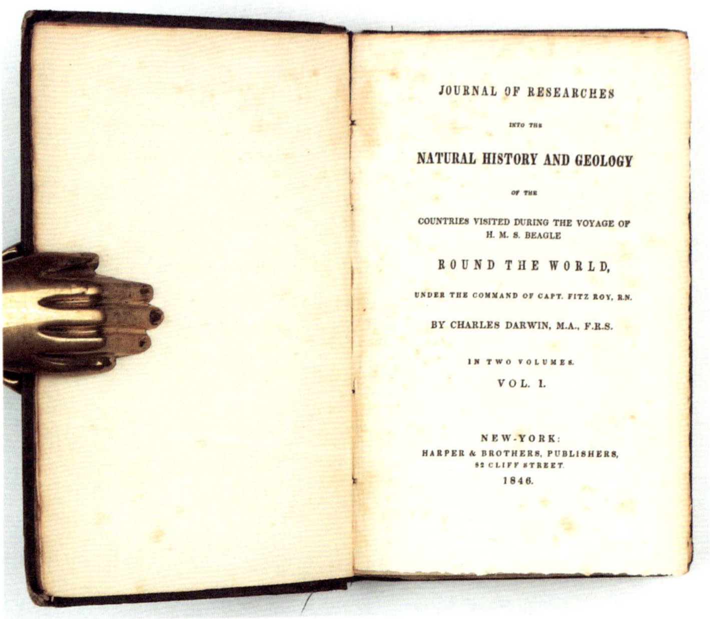

1846年版《小猎犬号航海记》扉页

中所描述的加那利群岛的美丽风光与自然景观，并为洪堡的优美文笔所倾倒。在《小猎犬号航海记》出版后，他收到了一封洪堡的亲笔信，信中写道：“这是一本激动人心、令人称羡的书——你前程无量。”出自他偶像之手的这封信，着实让达尔文读后兴奋不已。

达尔文科考返国后的两三年间，大部分时间都只身住在伦敦。他哥哥伊拉斯谟斯那时已在伦敦做了多年“寓公”，而且是社交名流；通过哥哥，他很快结识了包括莱尔在内的许多学术界“大腕”。这期间也是他学术活动的“高产期”，他应邀四处演讲，且著述颇丰。除了上面提及的著作之外，他还开始主编并组织出版五卷本《小猎犬号科考动物学》以及尔后出版的三卷本《小猎犬号科考地质学》。由于这些活动的成功，学术界的各种荣誉和桂冠相伴而来，说他是伦敦学术界的一匹“黑马”，一点儿也不为过。达尔文相继被接受为伦敦动物学会会员、伦敦地质学会与皇家地理学会的会员和理事，并担任伦敦地质学会秘书。不久，他又获选英国皇家学会会员。对于一个几乎是靠自学成才的年轻博物学家来说，达尔文在短短几年时间内得以跻身伦敦学术精英的行列，顺利实现亨斯洛教授为他所做的职业规划，堪称奇迹。达尔文晚年回忆这段勤奋努力的历程时，在自传中特别提到，这是他一生中在学术上最为活跃的时期。这时候，达尔文正好到了中国人所说的而立之年，学术上堪称功成名就；在他近乎完美的人生中，此时唯一所缺的就是一位贤妻啦！接下来，达尔文要做的就是完成这件终身大事。此外，在上述各类著述和整理科考资料的过程中，一个惊世骇俗的大胆想法也在他的脑海里日渐成熟……

定居“唐庄”度余年

我曾在不惑之年写过一首题为《自嘲》的打油诗，感叹自己生不逢时、命运多舛的无奈，其中有两句是：“三十而立恨未立，四十不惑只堪惑。”而达尔文则完全不同，1839年是他的而立之年，也是他人生中的幸运之年。这一年，他出版了《小猎犬号航海记》，被推选为英国皇家学会会员，与美丽善良的小表姐艾玛喜结良缘。或许更重要的是，1839年也标志着达尔文学术发展和精彩人生的重要转折点。

首先，自他环球科考归来的两三年间，在整理环球科考的日记、标本、资料以及著述的过程中，他对物种固定论的诸多疑问进一步增强了，这些疑问主要来自三个方面：1.在南美洲巴塔哥尼亚发现的哺乳动物化石，经欧文教授研究，跟当地现生的贫齿类（比如大树懒、犰狳等）很相似；2.南美洲南北部连续分布的鸵鸟，在南北端之间存在着明显的差异性（最南端的鸵鸟比北部的要小很多）；3.加拉帕戈斯群岛各相邻小岛上的类似动物，存在着细微但明显的差别（比如，著名的象龟，在不同的小岛上，它们的脖子长短以及龟壳上的花纹都不相同。另外，不同小岛上的地雀，其喙部形状也各异）。如果每一个物种都是上帝分别创造的，而且一经创造出来就不会改变的话，为什么会出现这些奇怪而有趣的现象？如果真的有造物主存在，他不至于这么愚蠢或自找麻烦吧？从1837年7月开始，达尔文逐渐把这些质疑和想法记录在他密藏的笔记本里，并基本上认定：物种是可变的，而且是缓慢演化的。可是，这种变化或演化是如何发生的呢？他却不得而知。1838年9月的一天，他在阅读经济学家马尔萨斯的名著《人口论》时茅塞顿开，原来是物竞天择、适者生存！这下子，他突然发现了生物演化的主要机制——自然选择。这一“顿悟”对达尔文来说，真可谓“踏破铁鞋无觅处，得来全不费工夫”。而根据科学史家的考证，他把这一比较成熟的想法记录在案的时间，正是1839年。

其次，也正是由于归国几年来，达尔文取得了上述一系列骄人的成就，同时，在繁忙的伦敦单身生活中也时而体味到独身的孤寂，接近1838年底时，他骤然感到生活中需要一位亲密伴侣。他感到自己业已有了一定的建树，可以向极为优秀的小表姐艾玛求婚了。

艾玛是舅舅最小的女儿，也是舅舅的掌上明珠。艾玛不只是一般意义上的大家闺秀，而且贤淑善良、见多识广、多才多艺；她热爱文学艺术，还弹得一手好钢琴。自小跟父母周游欧陆在巴黎居住时，父亲曾聘肖邦做她的钢琴家教，她的弹奏达到了钢琴演奏家水平。达尔文与小表姐青梅竹马，心底互生爱慕之情自不待言，而且舅舅和表哥表姐们也都心照不宣、乐见其成。然而，在维多利亚时代，女子是无法主动张口向男方吐露心声的，达尔文却一直觉得小表姐太优秀了，自己配不上她。接近而立之年，他终于觉得自己有点儿“底气”了。但是，一向谨言慎行的达尔文，在下定决心之前，还要对“婚还是不婚？”这个严肃的问题，做一番严谨的科学论证！

为了权衡家庭婚姻的利弊，达尔文一本正经地取出几张纸，左边列出婚的利弊，右边列出不婚的利弊；两厢对照，并加以分析讨论，最后做出结论——完全是科学论文写作的套路。左边所列“婚的好处”包括终身有伴（老来则可做朋友）、天伦之乐（倘若上帝赐予子女的话）、音乐绕梁、可与迷人的女眷缠绵等；婚的弊端包括为家事羁绊而失去外出考察的自由、为社交活动及亲友来往而浪费宝贵时光等。右边所列“不婚的好处”包括单身的自由、有时间在俱乐部里跟睿智有趣的绅士们“海聊”、不必被迫与缺乏共同志趣的亲友们虚与周旋、逢场作戏等；不婚的弊端自然是失去了结婚的诸多好处。经过如此“科学地”认真考量，他终于意识到：倘若一个人像工蜂那样，只晓得埋首工作辛劳一生的话，人生究竟还有什么乐趣和意义呢？再看看周围众多幸福的“奴隶”们，他毫不犹豫地在结论处写下：论证完毕——婚！

1838年11月9日，达尔文去舅舅家向艾玛求婚。他既没有带玫瑰花，也没有带订婚戒指，更没有像今天的许多年轻人那样，在心上人面前单膝下跪，而是紧张不已地问艾玛：“我爱你，艾玛。你愿意做我的终身伴侣吗？”这一句深思熟虑的话，他是用颤抖的声音吐露出来的。尽管如此，艾玛非常了解这位诚实可爱的表弟，这句话是她等候多年的一句话，在她的耳朵里，这比世间最美的音乐还要动听。然而，这句话又来得如此突然，使艾玛一时激动得说不出话来，她羞涩地连连点头默许。两天后，达尔文的父亲和舅舅作为双方的家长，在舅舅家为这对年轻人举办了庄重欢快但又不张扬的订婚仪式。达尔文称这一天是他“生命中最值得记忆的一天”。

1839年1月29日，达尔文与艾玛成婚

这对新人于1839年元月底成婚，他们的婚姻是典型的“自此后幸福快乐一生”的童话式美满结合。俩人喜结连理是姑表姐弟间的“亲上加亲”，因而，门当户对，夫唱妇随，白头偕老，一起育有十个子女，除三人早夭外，其他七兄妹都健康长寿，其中好几个孩子在事业上也都各有所成。

至此，达尔文尚未满三十周岁，却已名副其实地成家立业了。为了达尔文的科学研究事业，婚后头两三年，新婚夫妻屈居在拥挤脏乱的伦敦，暂做租房客。对此，艾玛毫无怨言，并担当接待达尔文众多科学家朋友来访的出色主妇，她热情亲切、待客周到，令宾至如归。达尔文的一位科学家朋友曾称赞艾玛说，回首往事，“哲学家”（达尔文在“小猎犬号”上得到的戏称）的深奥哲理业已忘却，而女主人的热情好客却在脑海中挥之不去。

此外，达尔文在环球科考归来不到一年的时间里，突然出现了伴有头痛、眩晕、心悸、恶心等症状的怪病。这一怪病长期折磨着他，困扰他的余生；而且一直没有查明病因，因而也无法得以根治。在达尔文和艾玛共同生活的四十三年间，艾玛担负起妻子、秘书、护理、娱乐者、挚友以及心理医生等多重角色。在漫长的岁月里，艾玛对达尔文关怀备至、体贴入微，为了纾解他的工作压力，艾玛为他弹琴、读小说；她比达尔文多通几门外语，经常为他翻译外文信函与书刊资料；还帮助他誊抄文稿、整理资料。更重要的是，她理解并无条件地支持达尔文的研究工作，总是想方设法为他分忧解愁。正像达尔文在回忆录中所写的那样，艾玛是我一生最大的幸福，她从未说过一句我不爱听的话，她是我的挚友和救星。委实，从达尔文的身体状况以及他的工作量看，很难想象，倘若不是艾玛对他的精心照顾，他如何能活到古稀之年并取得如此大的成就？

达尔文夫妇婚后两年，连得一子一女，到了1841年下半年，艾玛发现自己又怀上了第三胎。原本就不太宽敞的伦敦公寓，随着孩子们的诞生，变得愈加拥挤不堪。加之，达尔文由于健康的原因，日益难以忍受伦敦的嘈杂而倍感烦躁不安。他跟艾玛商量，也许他们需要到伦敦近郊买栋房子；这样既可以避开伦敦嘈杂不宁的生活，也方便偶尔进城参加科学活动。艾玛本来就喜欢娘家那种田园生活，只是为了丈夫的事业才屈居于伦敦的。因而，达尔文的提议正合她的心意。经过一番寻找，他们在伦敦南郊一个小镇达温（Downe，我喜欢译为“唐庄”）买下一栋牧师的住宅，后来被称为“党豪斯”（Down House）。自1842年起，达尔文在这栋住宅里度过了余生（整整四十年），并写出了《物种起源》以及其他许多著作；此地现在则被英国历史文物机构辟为“达尔文故居纪念馆”。

达尔文居住了四十年的唐庄

前面提到，达尔文在1838年9月重读马尔萨斯《人口论》时，突生“顿悟”，发现了生物演化的主要机制——自然选择。然而，由于这一想法来得如此突然，又如此惊世骇俗，他只是在他的秘藏笔记本D里记下了这一想法，日期是1838年9月28日。从那一刻起，他便对这一想法秘而不宣，认为它太不成熟，太容易引起争议了。接下来的几年里，他不断地在一本又一本的秘藏笔记本里，记录下各方面的证据（这事他只在给好朋友莱尔的信里透露过）。待到他乔迁到“党豪斯”，逐渐安定下来之后，他开始感到上述想法已日渐成熟，于是在新居里起草了一份35页纸的手写大纲（1842年）。到了1844年7月，他又在前一份大纲的基础上，完成了5万字左右（长达189页）的《物种理论纲要》。

达尔文这篇纲要的主要结论包括：

（1）生物存在着可遗传的个体变异。换句话说，生物天生就带有变异，这些变异能够由亲代遗传给后代；

（2）因为资源有限，生物之间必须进行残酷的生存斗争；

（3）结果，具有“好”的变异的个体，存活的机会就更大，留下的后代也更多。长久下来，有益的变异被保存、积累，有害的变异则被清除，最终使生物能够更好地适应其生活环境与生存方式。这就是“自然选择”原理；

（4）自然选择是生物演化的主要途径，它不但解释了地球历史上生物大灭绝的奥秘，也解释了如今地球上的生物何以变得如此丰富多彩。自然选择是驱动生物演化的引擎，包括我们人类在内的整个生物界，都是通过自然选择从最早的一个或几个原始物种演化而来，并依然处在不停的演化之中。

值得指出的是，达尔文此时对《物种理论纲要》已比较满意，自认为是总结了当时比较确定的一些认识与结论，值得在合适的时候发表。他考虑到自己字迹潦草，还郑重其事地请当地写得一手好字的小学校长将他的手稿工工整整地誊抄出来。鉴于自己的健康状况欠佳，又对自己的“理论”充满信心与执念，他在不足三十五岁之年，给妻子艾玛郑重地写了一封类似于“遗嘱”的“托孤”信，把他的这一重要“学术婴儿”托付给爱妻，这样哪怕身遇不测早逝的话，妻子也知道如何处理这份珍贵的手稿。

达尔文在信中写道：“这份手稿是我刚完成的有关物种理论的纲要，倘若日后能有一位有资格的审稿人肯定其价值，即是对科学进步的一项重大贡献。倘若我遇到不测而身亡的话，请你拿出400英镑作为出版费用，并委托亨斯洛或莱尔先生一起商办此事，确保它得以发表。”然而，他所担心的厄运并未降临，他有幸活到古稀之年，不仅亲自将物种理论公之于世，还目睹它得到了广泛的接受，并为他赢得了显赫的“生前身后名”——不过，这一切还要等候至少十五年……

雪藏十五年为哪般？

照理说，达尔文1844年的《物种理论纲要》当时完全可以拿出去单独发表的。可是他为什么没有这样做，而是将其“雪藏”起来并做出“托孤”的安排呢？事实上，达尔文日后并未遭到什么不测，还在其后多年间，发表了许多其他方面的重要著作。然而在他生前，《物种理论纲要》却从未发表；直到1909年，才由他的儿子弗兰西斯编辑出版——距离他完成这篇论文已经整整六十五个年头！而他的物种理论，也是直到时隔十四年后的1858年7月才首次见之于世。对于个中原因，长期以来科学史家们众说纷纭。

迄今为止，比较流行的一种解释是，达尔文之所以迟迟没有发表他的理论，是因为担心引起巨大争议，甚至有人猜测达尔文可能担心自己的人身安全会受到反对者的威胁。持这种观点的人，大多援引达尔文在信中写过的一句话，“承认物种是可变的，就像供认自己是杀人犯一样”。然而，根据我对达尔文书写信函的熟知程度，我觉得这似乎是典型的“达式幽默”；记得他在给另一位朋友的信中曾写道，“当我看到你的大量观察，我觉得好像自己干了盗窃、纵火或谋杀的勾当似的”。

诚然，我并不否认他会考虑到发表此文可能引起巨大争议，甚至会伤害到妻子艾玛的宗教情感，也可能令他剑桥大学的几位“有神论者”良师益友（包括亨斯洛和塞奇威克）感到不安。但依据我多年来对《物种起源》文本的研究以及对达尔文严谨治学精神的了解，我认为这些都不是他推迟发表物种理论的主要原因。

我坚持认为，达尔文深知自然选择学说是惊世骇俗的理论，因为它彻底颠覆了当时人们对这个世界（特别是人类自身）的认知，必然会引起一场科学及思想上的革命。原本人们以为，世上万物都是神（上帝）造的，但达尔文指出：新的物种是从旧的物种那儿演化而来的。这无异于把整个世界翻了个“个儿”！对此，达尔文深信，异乎寻常的理论必须有超乎寻常的证据支持才行；因此，他必须慎之又慎。他为了说服众人（尤其是可能持不同观点的人），便决定暂时将这篇文稿雪藏起来，继续搜集支持其理论的证据，直到自己觉得无懈可击的时候，再拿出来发表。

事实上，达尔文也并未完全把他的理论雪藏起来。他从1845年开始修订《小猎犬号航海记》第二版，在书中增添了许多新内容。由于这些新段落散布于全书，只有将第二版与第一版放在一起仔细对照，才能看出不同来。倘若把新增的这些段落串在一起的话，读者便不难发现，《物种理论纲要》的内容几乎呼之欲出！达尔文这样做的目的似乎很明显，他这是在为自己理论的优先权留一“小手”——日后万一有其他人抢先发表了类似的理论，他可以将“隐藏”在《小猎犬号航海记》第二版中的这些新内容抽出来放在一起，以表明是他率先发现了这一理论。

总之，在完成《物种理论纲要》后的近十五年间，达尔文继续勤奋工作，不遗余力地搜集支持自然选择学说的方方面面的海量证据。在此期间，他的好朋友莱尔和胡克也曾不止一次催促他尽快发表他的理论。但对于达尔文来说，拿出一个成熟的、无懈可击的理论，远比匆匆发表来得重要。况且，他是“玩”科学的绅士科学家，又没有

“不出版便出局”的职场压力，急它作甚？比起1844年那篇文稿来，达尔文后来又掌握了支持他理论的大量证据，他要把这些证据与那篇《物种理论纲要》结合起来扩展成一本大书——《物种论》。到了1856年，他终于开始着手写作这本计划中的巨著。

其实，选择这一时间也不是偶然的，这又是莱尔推动的结果。1855年9月，英国《博物学杂志》刊载了华莱士《新物种出现的制约因素》一文，而莱尔便是审稿人之一。莱尔敏锐地从中嗅到了华莱士也正在从事跟达尔文相似的研究课题，并可能很快得出相同的结论。出于友情，莱尔再次敦促达尔文抓紧发表自己的理论，以免被他人捷足先登。

对此，达尔文陷入了极其矛盾的心理。一方面，他不想听从莱尔的建议，把这么重要的理论以及大量相关证据简化成一篇“摘要”，匆匆发表在学术杂志上——他想要“著书立说”；另一方面，他肯定会为失去发表理论的优先权而后

阿尔弗雷德·拉塞尔·华莱士

悔、烦恼。他写信给另一好友胡克，征求其意见。胡克基本同意莱尔的建议，也让达尔文先发表一个概要再说。达尔文此时也只好听从两位同行好友的劝告，着手撰写《物种论》概要。

谁知事情的发展竟比莱尔想象的还要快。正在达尔文奋笔疾书的当口，1858年6月里的一天上午，他收到了来自马来群岛的一封邮件，内附华莱士一份手稿。达尔文对华莱士的名字并不陌生，除了上面提到的他1855年发表在《博物学杂志》上的那篇文章之外，达尔文以前还托他采集过标本。达尔文匆匆看完华莱士请他指教的手稿，顿时要崩溃了，华莱士的自然选择理论跟自己的几乎一模一样！连所用术语都是如此接近——这种巧合简直把他给“雷倒了”。他于1858年6月18日晚给莱尔写了一封信：

您的预言惊人地实现了！我从未见过这般巧合，即便华莱士面前摆着我1842年概要的手稿，他也不会写出比现在更相似的摘要来。

达尔文在信中还表示，华莱士的文稿很值得一读，并建议予以发表。同时，他也流露出痛失优先权的沮丧，毕竟这是他二十多年的心血啊。

作为当时英国科学界举足轻重的人物，莱尔收到达尔文的信以及随信转来的华莱士手稿之后，赶快找同为科学界重量级人物的胡克商量，如何妥善处理这件颇为棘手的事。胡克读罢达尔文的信以及华莱士的手稿之后，也惊奇得“掉了下巴”一般。他对莱尔说，这样的巧合真是太不可思议啦！我十多年前曾看过达尔文1844年的文稿，用语跟华莱士这篇手稿惊人地相似，若不是看了达尔文这封信，我还以为华莱士这篇手稿出自达尔文之手呢！

莱尔问胡克，这可怎么办？胡克略想了一下说，咱俩都了解达尔文这些年来的研究工作，倘若我们单独发表华莱士这篇手稿的话，那对达尔文太不公平了。因为达尔文得出同一结论时，华莱士很可能压根儿还没想到过这个问题呢。

莱尔问，您的意思是暂不发表华莱士的文稿？达尔文信中可不是这个意思！另外，我们这样做的话，也不合适吧？尽管我们知道内情，但这不符常规……

胡克笑了笑说，我不是那个意思。我的意思是，让达尔文赶快准备一篇摘要，两篇同时发表、两人共享优先权。莱尔对此拍案叫绝，并说，我记得去年哈佛大学教授格雷给我来信谈到过达尔文曾给他去信，系统介绍过自然选择学说，让我们同时附上达尔文给格雷那封信的底稿，以表明达尔文的自然选择学说实际上先于华莱士这篇手稿。

莱尔把跟胡克商定的上述办法函告达尔文，谁知达尔文却回信表示，我原本不打算发表摘要的，现在有了华莱士的文稿，我却匆忙发表摘要，这样做是否光明正大呢？我宁愿把我的书稿烧掉，也不愿意看到这样做可能引起华莱士或其他人怀疑我的为人卑鄙！我对二位的善意十分感激，但我如果过分在意优先权的话，实际上已经很可悲了……

最后，莱尔与胡克联名给伦敦林奈学会秘书写了一封信，并附上华莱士手稿、达尔文“物种论”摘要以及给格雷信的底稿，安排将这三份文件在伦敦林奈学会1858年7月1日会议上宣读。他们在信中指出，达尔文与华莱士在互不知情的情况下，各自创立了同一美妙学说，解释了物种的出现与存续，二位对此理论的贡献均属独创，我们建议提交林奈学会同时发表，应是对科学事业负责的明智之举。林奈学会接受了这一安排，但宣读这两篇论文时，两位作者均未能出席会议。华莱士彼时依然远在马来群岛，达尔文则因为两天前刚痛失幼子、悲伤不已，也未能参会。会后不久，两人的文章又刊发在同期的《林奈学会会刊》上。此后达尔文给华莱士回信，向他通报上述安排，并在信中赞扬他不畏艰难困苦、执着追求科学真理的崇高精神。华莱士则从《林奈学会会刊》发表的文章中，了解到达尔文的工作在深度和广度上均远远超过自己的工作，而对达尔文敬佩不已。他坦承：当我羽翼未丰之时，达尔文已经是知名学者；他为了寻求更多的证据去证明他发现的真理而孜孜以求，不急于为争名而仓促发表自己的理论。我缺乏达尔文先生不倦的耐心、惊人的论辩能力、丰富的博物学知识、设计实验的灵巧以及文笔的清晰和精准。这些品质使达尔文先生成为十全十美的科学家，也是最有能力使这一伟大理论深入人心的人……平心而论，后人常常赞美达尔文具有高尚的学术操守，却忘记了在这件事上，华莱士谦逊与大度的美德，实在更值得赞颂。

此后，达尔文花了十三个月的时间完成了《物种起源》（即原先的《物种论》概要）一书。华莱士在读完《物种起源》之后，更对达尔文心悦诚服、崇拜之至，称其为生物演化论的创始人，后来他还写了《达尔文主义》一书，在书中自称为“达尔文主义者”，并谦虚地说“通过自然选择的物种起源理论，创建之功当属达尔文”。科学史上，不同科学家独立研究得出相同发现的案例并非绝无仅有，但像达尔文与华莱士这样相互间未生芥蒂的情形实不多见。由于两者社会地位的悬殊，后来有人不断地替华莱士“鸣不平”，则纯属好事者所为了，与当事人无关。前前后后的一系列事实表明，达尔文及其朋友们没有任何学术失范行为。恰恰相反，跟牛顿与莱布尼茨弟子们之间就发明微积分优先权的长期之争相比，达尔文与华莱士的谦逊美德，堪称科学史上的罕见佳话。

还有一两件小事，也足以反映达尔文和华莱士的高风亮节与真诚友谊。一是，一次某人在华莱士面前盛赞他对自然选择理论的巨大贡献时，华莱士不无幽默地说，我最大的贡献就是促使达尔文先生提前公布了他深藏多年的美妙理论。二是，达尔文利用自己的影响力帮助华莱士争取到英国政府颁发的每年200英镑的终生津贴，这对经济拮据的华莱士是莫大的帮助，也体现了达尔文“投我以桃，报之以李”的君子风范。

其实，达尔文高尚的学术操守还反映在另一方面。他自小就是热情的博物学标本收藏者，尤其是他随“小猎犬号”战舰环球科考时，曾采集了数以千计的珍贵博物学标本。由于他是自费参加科考，因而所有标本都属于他的私人藏品。然而回到英国后，他把这些标本都无偿地慷慨赠予各方面的专家（包括反对演化论的解剖学家欧文）去研究，自己则甘愿作为采集者。事实上，达尔文在晚年所写的自传中，曾用下面这句话来描述自己作为采集者的自豪心情：当我在史蒂文斯的《英国昆虫图鉴》中看到下面这几个神奇的字——“查尔斯·达尔文采集”时，比任何诗人看到他的第一首诗被发表了，还要兴奋无比。

最后，还是让我再翻译达尔文四世孙女露丝·帕德尔《达尔文诗传》中的一首诗，来圆满结束这一系列的故事吧：

两盏灯的灯光摇曳。
他正要读完手中的马尔萨斯。
书房里灯影舞动
宛若一阵黑雨来袭。
“所有生命皆为生存而斗争。
自然界没有仁慈、圣洁
或其他！冲突才是种群原理。

世上充满痛苦与疾病——
他们却在侈谈岁月静好？”

我们与自身生物性独处。“新生命
在饥荒、灭绝与死亡中诞生。”
家仆寇文顿拉上了窗帘
搅起绉绸上积淀的落尘。
屋外小径的花岗岩石板晶亮。
苹果木在壁炉中哔啪作响。

“人的思想受制于动物祖先。
每一物种都在它的尾椎骨端
设立了祖宗祭坛。
不过，本能、欲望——
也都有迹可循。
侵略、愤怒和复仇
曾经帮助我们得以生存。
如今改变了的，只是环境。

我们试图压制遗传而来的上述激情。”
雨点沾染了煤烟。地上高跟鞋和马蹄铁声
格格作响，此去彼来，
犹如酒桶滚下酒窖台阶的节拍。

“人类起源已被证实。”

我们身上的兽性也暴露无疑。

“我们的祖父是撒旦——

披着狒狒的外衣。”

3

《物种起源》的前世今生

我的《物种起源》译本

在拙译《物种起源》（译林出版社，2013年）的“译者序”末尾，我写道：“我坚信对作者最大的尊重和感念，莫过于去认真研读他们本人的文字。”其实，我那是在竭力抵御把译者序写成全书导读的诱惑，因为我一般拿到一本书，都是跳过书籍正文前的内容（front matter）而直入正文的。当然，这与我的个人经历有关，我喜欢读书、听音乐、看电影，在“文革”前后相当长的一段时间内，电影正片之前都要放几个新闻纪录片，所谓新闻，实为旧闻，但放电影的是不敢不放的；因此，我对正片或正文之外的东

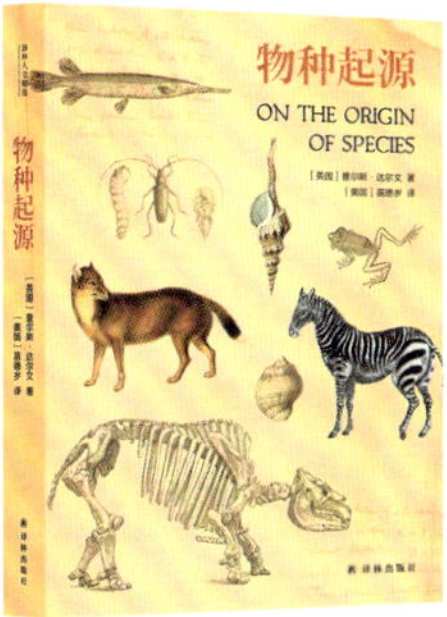

苗德岁译《物种起源》

西，有一种下意识的莫名反感。另外，我历来认为读书是一件很私密的事，是读者与作者之间私下的思想交流——“读书之乐何处寻”？贵在双方暗交心。此时，若冒出个“第三者”在边上絮絮不止，那是颇煞风景的。现在我的这个没有“导读”的译本业已出版，果壳阅读的吴欧女士约请我来谈谈这本书，我很乐意就她问及的几个问题，与大家分享我的浅见。

> “我们阅读达尔文并非因为他所说的是当今的科学家们所相信的——很多不再是了。我们之所以还读他，是因为书中高雅的雄辩以及条分缕析的证据罗列，且以如此谦逊和娓娓道来的语调陈述，让人们看到了光明驱除黑暗、迷失林中却闯出一条正途的理智力量……”
>
> ——高普尼克（Adam Gopnik）

1.为什么今天大家还要读《物种起源》这样的书？

也许有人会说，我不读《物种起源》也知道进化论是怎么回事儿。确实，《物种起源》发表已经一百六十多年了，其间科学有了很大的发展，对于进化论的事实、证据和机制，我们现在所知道的远比达尔文时代要多得多，那么真的还有必要去读达尔文的原著吗？回答是绝对肯定的！因为《物种起源》是少数几本可以称作是“改变了世界的书”，类似的还有《圣经》《资本论》等。诚如被誉为“活着的达尔文”的哈佛大学进化生物学家威尔逊所言：“《物种起源》发表到现在已经一百五十年了，我认为我们可以有把握地说，它不仅是有史以来最重要的科学著作，而且由于它对全人类以及整个生物界的重要性，它也是有史以来任一范畴的最重要的著作。”（E. O. Wilson, 2009）

一如哥白尼大大地扩展了我们的空间概念，达尔文大大地扩展了我们的时间概念；哥白尼让我们认识到地球在宇宙中的位置，达尔文让我们认识到人类在自然界的位置。达尔文那时并没有我们今天这样的研究条件和知识基础，他能够写出这样一部伟大著作，太了不起了。他搜集到方方面面的证据，经过他无与伦比的推理，得出那种惊世骇俗的结论，不仅经受住了时间的考验，而且历久而弥真。他超前的科学思想和缜密的逻辑思维，在书中表现得淋漓尽致。

譬如，达尔文说《物种起源》是“一部长篇的论争”。他的高明之处在于善于论辩，并常常化不利因素为有利因素。本来批评者可以质问他，请让我看看你那些生物演化的过渡类型吧。他说，由于地质记录的不完整，我们还没有发现这么多过渡类型的化石。然后，他又用地质记录的不完整性作为证据，来对付可能让他头痛的另一个难题，即如果认为所有的生物变化都是通过自然选择缓慢实现的，那么地球历史该有多长才能产生如此大量的生物变化呢？达尔文说，时间不成问题！由于地质记录不完整，我们从这些记录中看到的，只是整个地球历史的不同瞬间的组合，而整个地球历史远比我们想象的要长得多。一百六十多年来的地质古生物学的无数发现证实，达尔文是完全正确的。

因此，不读他的原著，你无论如何都体验不到他的博大精深，如今的生物学家们依然能通过阅读《物种起源》获得科研灵感。当我们每天在各自的专业领域里专心致志地阅读最新文献时，我们看到的往往只是一片片精致美丽的树叶，只有在阅读像《物种起源》这样的不朽经典时，方能看到浩瀚无际的森林美景，眼前才能豁然开朗起来。

2.请简单介绍一下《物种起源》一共有几版，您为什么会选择第二版（既非最初的，也非最新的版本）来翻译？

《物种起源》在达尔文生前总共出了六版。第一版是1859年11月24日出版，第二版是1860年1月7日出版，相隔仅一个半月。第二版在字体、纸张和装订上，跟第一版毫无二致，未重新排版且页数相同，只是改正了印刷、标点符号、拼写、语法、措辞等方面的错误，实为第二次印刷。在其后十二年间的第三（1861年）、第四（1866年）、第五（1869年）及第六（1872年）版中，达尔文做了大量修改，以至于第六版的篇幅比第一、第二两版多出了三分之一。

达尔文在后来的修订过程中，为了回应同时代人的批评（尤其是有关地球的年龄以及缺乏遗传机制等方面的批评），做了连篇累牍的答复，甚至是“违心”的妥协，以至于越来越偏离其原先的正确立场（譬如越来越求助于拉马克的“获得性性状的遗传”的观点）。现在看来，限于当时的认识水平，那些对他的批评很多是错误的，而他的答复往往也是错误的。结果，新增的很多零乱的线索与内容，完全破坏了他第一、第二版精巧的构思、缜密的立论、有力的申辩以及文字的顺畅。因此，当今的生物学家以及达尔文研究者们，大多垂青与推重初始两版，而近二十年来，西方各出版社重新印行的，也多为第一版。不过牛津大学出版社的“牛津世界经典丛书”的1996年版以及2008年修订版，却都采用了第二版，理由很简单：与第一版相比，第二版纠正了一些明显的错误，但总体上变动极小。故此，我最终选定牛津2008年修订版为该译本的蓝本，并通过多个版本的检校纠正了牛津版几处漏印和误印。时下通行的《物种起源》中译本，除了一本是根据第一版之外，其余皆为第六版的译本。

3.达尔文时代的科研是何种状态，比如怎么做观察，怎么做研究，怎么做交流，实验素材从哪儿来？

维多利亚时代是现代科学的发端时期，一般说来，科研还未成为谋生的职业，而是有闲阶级根据自己兴趣所从事的消遣活动。另一方面，像达尔文这种“富二代”，衣食无忧，酷爱自然、历史、科学，把整个身心都投入到科研活动中去，这与今天的职业科学家的专职科研活动相差不多，甚至于更具优势。譬如，他无须写经费申请、不必考虑求职和升迁、没有绩效考核的压力、不用看老板的脸色、可以随心所欲地选题等等。这种自由自在的状态，委实让我们羡慕不已。

以达尔文为例，他随“小猎犬号”军舰做环球科学考察近五年，观察了大量的地质现象、采集了大批的动植物标本和化石，为他日后的研究积累了大批实验素材。在研究家养动物和栽培植物的变异和人工选择时，他参加了养鸽俱乐部，请教了许多动植物育种专家，在自家花园里搞试验田。达尔文有十个子女，除了两个产后早夭之外，余下的八个孩子（包括十岁夭折的爱女安妮）都做过他的“助研”。有的孩子还是他的实验对象，比如他研究动物和人类的表情演化，就用自己的孩子做观察对象。达尔文跟当时最有名的一些地质学家和动植物学家们交往甚密、切磋学问，并参与伦敦地质学会等专业学会的活动。他跟世界各地的同行们保持频繁的书信联系，向他们索取标本或求教。上述这些跟我们今天的科研活动没有本质上的区别。

4.关于达尔文的文风，有什么可说说的吗？比如《物种起源》的正式书名为什么这么长？

如上所述，《物种起源》写作时，还是科学发展初期，不像我们现在有很多专业术语（jargons）。同时，达尔文既要说服科学界人士，又要说服大众，所以达尔文在书里用的是弥尔顿和莎士比亚的语言，用了许多隐喻和类比，十分典雅。有人说，在《物种起源》里，可以看到狄更斯和乔治·艾略特作品的影子。也就是说，他使用的是维多利亚时期的文学语言，非常美，但并不好懂。不同于牛顿等人的科学元典，达尔文的《物种起源》还是人文经典。而我所翻译的这个原版，就是收入“牛津世界经典丛书”的，我的译本则是收入“译林人文精选”丛书的。

达尔文最初定的书名是：《通过自然选择的物种和变种起源的论文摘要》，称一本500页的书为“论文摘要”，出版商默里（John Murray）就未同意！默里说，“论文摘要”和“变种”必须删除。默里又觉得公众可能对“自然选择”一词尚不熟悉，最好用副标题的形式解释一下。因此，最后的书名由正、副标题两部分组成，中间用逗号隔开，这就是我们现在见到的这个冗长的书名：《论通过自然选择的物种起源，或生存斗争中优赋族群之保存》。

莫让名著沦为书架上的摆设

名著如同名人，对其评头论足者多，而对其亲阅亲知者少。达尔文及其《物种起源》便是这一现象的显明例子之一。在纪念达尔文诞辰二百周年及《物种起源》问世一百五十周年的各种活动尘埃落定之后，译林出版社却诚邀我翻译《物种起源》，这本身似乎即是一件不按常理出牌的事。也许有人会问，《物种起源》一书已有多个中译本，还有必要重译吗？其实，这也是我在接受约请前考量最多的问题，但在我发现此前的中译本除了第一本是根据该书第一版，其余均是根据第六版所译之后，我旋即决定翻译该书的第二版*On the Origin of Species*（这个“On”是在第六版才消失的）。由于这是一本与该书第一版差别极小却与第六版甚为不同的书，故不再是严格意义上的

“重译”，而是试图赶上近二十余年来国外达尔文研究的新潮流了。

正如著名的达尔文学者布朗所说，每个时代的达尔文传记的作者们，都会描绘出一个略微不同的达尔文的形象，并与当时流行的认知程度“琴瑟和鸣”：从19世纪末的刻苦勤奋的达尔文，到20世纪30年代的受人尊敬、顾家舐犊的达尔文，再到20世纪50年代的生物学家达尔文，直到20世纪90年代的书信通四海、广结通信网的达尔文。（Janet Browne，2010）当然，这些多种脸谱的达尔文形象，并不是相互排斥的，而应该是相得益彰的。对《物种起源》一书的解读亦复如此。有人曾戏言，达尔文的学说像块豆腐，本身其实并没有什么特别的味道，全看厨师加上何种佐料；个中最著名的例子，莫过于曾风靡一时的“社会达尔文主义”与“优生学”以及后来更为时髦的“历史发展的自然规律”一说了。即令在当下互联网的“谷歌”和“百度”时代，鼠标一动，达尔文的文字便可跳上显示屏，却依然发生了一些蜚声中外的研究机构把自己的话硬塞到达尔文嘴里的怪事。在伦敦自然历史博物馆（即原来的大英自然历史博物馆）的网页上，竟一度出现过下面这一句所谓摘自达尔文《物种起源》的引语：“在生存斗争中，最适者之所以胜出，是因为它们能够最好地适应其环境。”事实上，达尔文压根儿就未曾说过这样的话，尽管他从《物种起源》第五版开始，引用了斯宾塞的“适者生存”一语，但他对此却是不无警诫的！更令人啼笑皆非的是，位于旧金山的加州科学院总部新大楼的石板地面上，竟镌刻着伪称为达尔文的“名言”：“不是最强大的物种得以生存，也不是最智慧的物种得以生存，而是最适应于变化的物种得以生存。”（James Secord, 2010）可见，人们是多么容易把自己的观点想当然地强加于达尔文的头上啊！达尔文若地下有知，真不知道会作何感想。

对达尔文的众多误读，有的是连达尔文本人也难辞其咎的。譬如，一般的达尔文传记多把达尔文描写成在中小学阶段智力平平，又曾中途从爱丁堡大学辍学。但达尔文实际上是19世纪的比尔·盖茨，他们之所以都从名校中途辍学，乃其所学与其兴趣相悖所致。而达尔文的博学、慎思、洞见与雄辩，恰恰说明了他的智力超群。1831年，他在剑桥大学毕业的近四百名毕业生中，成绩名列第十，岂是一个智力平平之人呢？原来是达尔文在其自传中，极为谦虚地称自己不曾是个好学生，因而一百多年来着实误导了许多人呢。又如，一般人都认为达尔文是在“小猎犬号”的环球考察期间转变成为演化论者的，达尔文在《物种起源》一书的“绪论”中就曾开宗明义地写道：“作为博物学家，我曾随‘小猎犬号’皇家军舰，做环游世界的探索之旅，此间，南美生物的地理分布以及那里的今生物与古生物间地质关系的一些事实，深深地打动了我。这些事实似乎对物种起源的问题有所启迪；而这一问题，曾被我们最伟大的哲学家之一称为‘谜中之谜’。”这便引起了很多人的误读；事实上，现在大量的研究表明，尽管他在五年的环球考察中，以地质学家莱尔“渐变说”的眼光观察他沿途所见的一切，对物种固定论的信念逐渐动摇，但达尔文从一个正统的基督教信仰者向一个彻头彻尾的演化论者的转变，则是他环球考察结束回到英国两年后才开始的事。

上述种种近乎怪诞的现象，委实印证了一种说法，即《物种起源》一书虽然被人们广泛引用，却鲜为人们从头至尾地通读。尤其是在信息大爆炸的时下，即令是科研人员，也大多无暇通读或精读，常常拾得只言片语，甚或断章取义，把它们当作教条式的简单结论，而不是视为可被证伪的理论范式。

《物种起源》为什么这么难读？

在《物种起源》这本书上一直存在着一个悖论，一方面，书中提出的以自然选择为机制的演化理论向来以其简洁美著称，以至于赫胥黎在读后曾感叹："我怎么如此愚笨？我为什么没想到这点？"（Francis Darwin，1888，p.197）另一方面，不少人或许有过这样的经历，即多次试图阅读《物种起源》，却又多次中途放弃，甚至于看不了几页就欲"读"还休。如果说是由于译本质量不高的话，那么我可以告诉大家，母语是英语的人在读该书的原著时，也常常会有这样的经历。以至于赫胥黎在达尔文去世后又曾感叹："我已不知是第几次再度慢慢地阅读《物种起源》了，试图在撰写他的讣告时能总结出他论辩的要旨。说实话，每当我听人说该书很容易读的时候，简直哭笑不得。"（Leonard Huxley，1913，p. 60）为什么会是这样呢？一方面，达尔文理论的简洁美是显而易见的，它基于五项事实、两个推论：

事实1：种内居群能以几何级数增长

事实2：种内居群有时增长，有时减少，但总体上倾

向于保持稳定

事实3：资源是有限的

推论1：生物个体之间必然存在着争夺有限资源的生存斗争

事实4：种内居群中存在大量变异，使得几乎每一个体都是独特的

事实5：种内居群中的变异大多是遗传的

推论2：推论1（生存斗争）+事实4+事实5→自然选择

另一方面，如陈红博士刊于《中华读书报》的书评（2015年）中指出的："几乎所有的资深评论，还会一再提及达尔文独特的文字风格。达尔文善用复杂的句式，而且句句话一定要说得天衣无缝。粗读会觉得他啰嗦，艰深晦涩；但仔细品味，又会为他严谨清晰而且独特的表达所折服。这既是一部科学巨著，又富有个性。"更独特的一点是，《物种起源》全书的结构跟我们今天的阅读习惯大相径庭。按照今天的习惯，我们也许期望达尔文从地球上最早、最简单的生命起源开始讲述，从细菌微生物到人类的演化过程，但事实上直到书的后半部他才开始谈论化石和岩石记录。一反今天科普书的结构顺序，他煞费苦心地

把这部他称之为“一部长篇的论争”的书，用讲故事的手法组织在一起。全书十四章加开头的“绪论”，除去“绪论”和最后一章“复述与结论”之外，大致可分成三部分：第一部分包括头四章，达尔文用来介绍他的理论，类似于开庭陈述；接下来五章，是化解他的理论可能会遭遇的诘难；在第三部分的四章中，他像律师出庭辩论那样，一一出示支持他理论的证据。他深知不寻常的理论要有不寻常的证据，方能令人信服，因此，他在书中列举了方方面面的无数证据。他就像推理侦探波洛那样，运用严密的逻辑和各种修辞手段来说服读者。因此，我们阅读《物种起源》时，不能把它当作学术专著来读，而要当作侦探推理小说来读，如果遇到什么悬念，要耐心读下去——“山重水复疑无路，柳暗花明又一村”。《物种起源》原本就不是一本用来消遣的书，它像瓦格纳长达数小时的大歌剧以及马勒的交响曲一样，需要你从头至尾的耐心和专注，这样一来，经过剧（乐曲）中的高潮迭起，及至达到剧末（曲终）最高峰时，你会突然领悟到：哇，这几个小时真的没有白坐哦！因此，我劝那些只想欣赏贝多芬的《致爱丽丝》那样的钢琴小品的朋友，请放下你手中的《物种起源》——这本书需要你用初恋中的那种青涩、真诚、追求、执着与专情来读。

平心而论，我本人在翻译的过程中，不知阅读过多少遍全书，依然有着与赫胥黎同样的感受：这真不是一本容易读的书。我个人觉得，如果在读完“绪论”之后，先读最后一章“复述与结论”，把它当作摘要和导读，然后读第三、第四章，了解达尔文的重要概念：生存斗争、自然选择和生命之树，接下来再读第九至第十三章，最后读第一、第二、第五至第八章，这样打乱顺序之后，或许会更符合我们现在的阅读习惯。我敢担保如果你真的花了功夫读懂了全书，你会感到你所花的所有时间和努力都是值得的，并且会终身受益无穷——这才是不朽经典的魅力所在。记得著名达尔文学者乔治·莱文曾发表过此番高论：“如果让我们来评选19世纪最重要的英语文学作品的话，恐怕不会是狄更斯和乔治·艾略特的小说，也不会是华兹华斯的诗歌，而是达尔文的《物种起源》！”（Levine, 2011）我想，不管你是否同意莱文的这一观点，至少美国作家亚当·高普尼克所描述的他初读《物种起源》时的情景，令我感同身受：

我是在夏日的海滩上第一次读《物种起源》

> 的。……那就像打了一针维多利亚幻觉剂，眼前的整个世界突然活跃起来，一切都开始移动，以至于沙滩上海鸥和矶鹞之间的相像，突然变得不可思议地活泛起来，变成了一个躁动整体的一部分，鸟类的巨型蜥蜴远祖们，宛若幽灵一般萦绕在它们的上空。先前看似一成不变的孤寂的海洋和沙滩，蓦然复活，融入到无尽的变化和运动之中。这是一本让整个世界颤动的书。（Gopnik，2009，p.9）

《物种起源》问世一百六十多年来，印行了无数次，被翻译成三十多种语言，可见其传播之广泛、影响之深远。尽管时隔一百六十多年，对我们来说，《物种起源》远非只是一部可以束之高阁、仅供景仰膜拜的科学历史元典，而是一泓能够常读常新、激发科研灵感的源头活水。《物种起源》是一座巨大的宝库，有待每一位读者躬身竭力地去亲手挖掘。同时，我坚信对作者最大的尊重和感念，莫过于认真研读他们本人的文字，故走笔至此，我得适时打住，还是让大家去书中细细体味达尔文的博大精深吧。

《物种起源》究竟讲了些什么？

看过电影《活着》的朋友们，一定能体会到活着的意义。此时此刻你们与我都还活着，这既是不争的事实，无疑也是世界上对你我而言最重要的事体。此外，我们周围还有很多其他活着的生物；整个生命共同体密切相关、相互依存。我们生而为人，就不免好奇：我们以及周围的生物究竟从何而来？物种是不是一成不变的？所有的生物都拥有共同祖先吗？生物演化是如何发生的？新物种是如何形成的？又是什么迫使五花八门的生物适应千奇百怪的自然环境？

《物种起源》这本书，就是回答上述问题的。该书作者查尔斯·达尔文，大名鼎鼎，无须多作介绍。他出身名门，自小爱好博物学，1831年剑桥大学毕业不久，便随

“小猎犬号”战舰开始了历时近五年的环球科考。他启程之时，跟当时绝大多数人一样，依然相信“神创论”与“物种固定论”，即上帝创造了世上万物，物种一经创造就固定不变。五年后，他返航归来，心中对此已充满疑问。其后二十多年间，他利用在环球科考期间所搜集的大量证据，潜心研究，最终向世人证明：自然界的一切并不是上帝一手创造出来的，也并非一直是今天这个样子。世间所有的生物都是从最初原始的共同祖先类型，经历漫长地质岁月间的不断演化而来的。连人类自身也是生物演化的产物。

达尔文就这样把上帝无所不能的创造力完全给否定了，这无疑是最具冲击力的。这种影响远远超出了科学范畴，进而引发了深刻的思想革命。《物种起源》出版一百六十多年来长盛不衰，并被翻译成三十多种语言，在全世界被人们广泛阅读、争论。它从问世起一直饱受争议，却又经受住了各种挑战，被公认为是一本“改变了世界进程的书”。它不仅改变了生命科学这个大学科，而且改变了全人类的思维方式、认知方式和行为方式，成为有史以来最重要的科学与人文经典。

好了，下面我们来详细讲述书中的重点内容，我主要

会从三个方面来讲:

一、达尔文如何动摇了“神创论”与“物种固定论”等信念?

二、生物演化是如何发生的,新物种是如何形成的?

三、我们以及我们周围的生物是如何适应千差万别的自然环境的?

达尔文如何动摇了“神创论”与“物种固定论”等信念?

世界上不同的民族和文化,都有各自关于人类起源的神话传说。比如,中国古代就有女娲造人的神话传说;而在西方则有不同版本的《圣经》,讲述着上帝造人以及世间万物的故事。按照《圣经·创世记》里的说法,曾有一位上帝,他是造物主,世上的一切都是他在六千多年前,花了六天工夫一手创造出来的。此外,每一种生物都是他逐个精心创造的,而且一经创造出来,就基本上固定不变了。这就是我们前面提到的“神创论”与“物种固定论”。显然,这只是一种神话传说,或者说是基督教教徒们所信奉的一种信仰。然而,在《物种起源》出现之前,西方人大多都牢固地秉持这一信念。直到今天，西方有宗教信仰的人，也还接受这一说法。

达尔文自然也不例外。况且，达尔文在剑桥大学攻读的是神学，原本打算当牧师的。他在剑桥熟读的经典之一，就是佩利的《自然神学》，其中最有名的是拿手表做的类比。比如你走在路上，不小心踢到一块石头，你不会追问它是怎么来的。可是，如果你踢到的是一块手表，你肯定会纳闷它怎么会出现在那里，因为它不是大自然的产物，一定是某个钟表匠制造出来的，又不知是什么人不小心丢失在了那里。相信“神创论”的人因此就推论说：手表上的每一个被加工的迹象，每一个精巧设计的表现，也同样存在于自然产物之中。既然手表肯定是钟表匠设计和制造的，那么大自然也有一个创造它的智能设计者——上帝。他们并以此用自然产物（比如我们的眼睛）的精巧，来赞美其设计者上帝的高明。

这一类比与推理，在逻辑上似乎是无懈可击的。达尔文起初也深信不疑。可是，五年环球科考途中所见的一切，却令他十分困惑。比如，达尔文初到南美时，发现那里现已完全灭绝的大懒兽等化石与现生的树懒十分相似。他还发现，在巴西的洞穴里，有很多灭绝了的物种，其个头大小与骨骼形态，跟现生物种也十分相近。同样，当他到了澳大利亚，他发现那里的哺乳动物化石，也与现生的有袋类很相似，而与其他大陆上的化石或现生哺乳动物迥异。他开始思考：如果这些动物都是上帝创造的，为什么上帝在同一个地区两次创造同一类动物？既然第一次创造的动物灭绝了，那至少说明不太成功，为什么不加以改进却再次创造与前一次相似的类型？他据此推断：物种并不是固定不变的，而是逐渐演化的，这些化石中的一些物种或许就是现生物种的祖先。

在南美拉普拉塔平原上，连一棵树都见不到，达尔文却见到一种啄木鸟：它的身体结构，甚至其色彩、粗糙的音调以及波状的飞翔姿态，与我们在其他地方常见的啄木鸟非常相似；然而，它却是一种从未爬上过树的啄木鸟！同样，生于高地的鹅，尽管脚上长着蹼，却生活在干燥的陆地上，很少或从未下过水。脚趾很长的秧鸡，竟然生活于草地之上而非沼泽之中。这些奇怪的现象引起达尔文的深思：也许它们身上这些特征都是从祖先种类那里继承下来的，虽然后来生活环境和习性改变了，但身体结构的变化却有些滞后，还没来得及彻底改变。否则，上帝怎么会在这种地方创造出这样“蹩脚”的动物呢？

其他一些看似反常的现象也引起了达尔文的注意。

长颈鹿的尾巴，看起来像人造的苍蝇拍。这样一个驱赶蚊蝇的小玩意儿，经过演化变得越来越好，这乍听起来，似乎难以置信。然而，达尔文认为，即便对这种情形，我们也应该三思，不能轻易做出论断。在南美，牛和其他动物的分布和生存很大程度上取决于它们抗拒昆虫攻击的力量。无论用何种方式，那些能够防御这些小敌害的个体，便能扩展到新的牧场并因此获得巨大的生存优势。虽然这些四足兽不会被苍蝇等直接消灭，但它们不停地被这些小玩意儿骚扰，体力便会减弱，结果更易染病，或者在饥荒来临时能力不足，不能顺利地找寻食物或逃避野兽的攻击。

幼小哺乳动物头骨上的骨缝，曾被认为是帮助母体分娩的美妙适应，甚至可能是胎生动物顺产所不可或缺的。可是，卵生的鸟类和爬行动物的头骨也有骨缝。达尔文推论：骨缝这一构造起源于一些卵生的低等动物，只不过为胎生的高等动物在分娩过程中所利用罢了。

达尔文还把上述这些观察和推理，成功地运用到他环球科考中最著名的地方——加拉帕戈斯群岛。

加拉帕戈斯群岛位于赤道之下，距离南美洲海岸五六百英里。那儿陆上与水中的几乎每一种生物，都带有明显的南美大陆的印记。那里的二十六种陆栖鸟（即达尔文地雀）中，有二十五种被鸟类学家古尔德认定为不同的物种，而且是土生土长的。然而，它们中的大多数，均与南美洲的地雀有密切的亲缘关系。其他动物（如陆龟）以及几乎所有的植物，也是如此。一个博物学家，在远离大陆数百英里的这些太平洋火山岛上观察生物时，却像在南美大陆上。达尔文问道：怎么会这样呢？为什么加拉帕戈斯群岛的土著物种，却跟南美大陆的物种如此相似？

达尔文地雀

加拉帕戈斯群岛上的陆龟

达尔文进一步指出，这里在生活条件、岛上的地质性质、岛的高度或气候等方面，都与南美沿岸的各种条件大不相同。另一方面，加拉帕戈斯群岛与距离非洲较近的佛得角群岛，在土壤的火山性质方面，在岛屿的气候、高度与大小等环境条件方面，却有相当大的相似性；可是，它们的生物却完全不同。佛得角群岛的生物，与非洲的生物相关，一如加拉帕戈斯群岛的生物与南美的生物相关。因此，达尔文相信：上述事实，根据神创论的观点，是难以得到合理解释的。很明显，加拉帕戈斯群岛很可能接受了来自南美的移居者，而佛得角群岛则接受了来自非洲的移居者；它们的原始诞生地不同。

此外，在加拉帕戈斯群岛的几个岛屿上，有一些亲缘关系十分密切的物种。每一单独岛屿上的生物，尽管有一定的独特性，彼此之间的关系却十分紧密。这大体符合常识推论，因为这些岛屿彼此相距很近，很可能会从相同的“原产地”接受移居者。可是，真正令人惊异的事实是：在加拉帕戈斯群岛的不同岛屿形成的新物种，并没有迅速扩散到邻近的其他岛屿上。这些岛屿之间尽管“鸡犬之声相闻”，却被很深的海湾隔开，这些海湾大多比不列颠海峡还要宽，而这些岛屿从前也从未相连过。各岛之间的海流急速且迅猛，大风又异常稀少；因此，各岛彼此之间的隔离度相当大，千万不能被地图上所显现的近距离误导。

达尔文由此推断：最初南美大陆上的一些地雀可能被大风吹到了加拉帕戈斯群岛的各个小岛上，它们在这些小岛上扎根之后，因为食物来源不同，不同小岛上鸟的喙慢慢地发生了变化，以适应各自的食性。比如，在有的小岛上，地雀的主要食物是坚果或坚硬的种子，它们的喙就慢慢变得粗大，像胡桃夹子一样，能够更容易地把坚果或种子压碎；而在有的小岛上，地雀的主要食物是昆虫，它们的喙慢慢变得细长，更利于捉住虫子。因为各个小岛间几乎处于相互隔离的状态，长此以往便形成了如今不同的小岛上生存着不同地雀的情况。

《物种起源》中类似的观察与推理，不胜枚举。除了化石证据与生物地理分布方面的证据之外，还有大量分类学、形态学（包括动物体内残迹器官）以及胚胎学等方面的证据。

比如，用于抓握的人手、用于掘土的鼹鼠前肢、用于爬行的龟腿、用于游泳的鲸的鳍状肢，以及用于飞翔的鸟和蝙蝠的翅膀，为什么竟都是由同一型式构成，而且包含着相似的、处于同样相对位置的骨头？这难道不值得生物学家们深入思考吗？达尔文指出，正是因为各类脊椎动物起源于同一个共同祖先，才形成了这种现象。

同一个体的某些器官，在胚胎期一模一样，成熟后才变得大不相同，并且服务于不同目的。同样，同一纲内不同动物的胚胎，也常常是惊人地相似。比如，蛾类、蝇类以及甲虫等蠕虫状的幼体，彼此间远比成虫更相似。动物学家阿格塞有一次忘记给装有某一脊椎动物胚胎的瓶子加上标签，过后竟无法辨识它究竟是哺乳动物的，还是鸟类的或是爬行类的胚胎。达尔文认为，胚胎的相似性也是某些动物从同一祖先演化而来的证据。

退化、萎缩或不发育的残迹器官在自然界中极为常见。比如，退化的乳头在哺乳动物的雄性个体中非常普遍；在蛇类中，有些肺的一叶是退化的，有些存在着骨盆与后肢的残迹。有些退化器官的例子极为奇怪。比如，鲸的胎儿生有牙齿，而当它们成年后连一颗牙齿都没有；未出生的小牛的上颌生有牙齿，但从不穿出牙龈之外；某些鸟类胚胎的喙上，仍有牙齿的残迹，成年后则完全消失了；翅膀是用于飞翔的，然而很多昆虫的翅膀常常位于鞘翅之下，萎缩到根本不能飞翔。达尔文推论，退化与残迹器官可以与字词中的一些字母相比拟，它们虽依然保存在拼写中，却不发音了；不过，可用作追寻词源的线索。

至此为止，我只介绍了关于生物演化的一小部分证据。达尔文在《物种起源》中罗列了方方面面的海量证据，彻底动摇了“神创论”与“物种固定论”等信念，为万物共祖、生物演化学说提供了令人信服的证据。这就引出了本书的第二个重点内容：生物演化究竟是如何发生的、新物种是如何形成的呢？对这一问题的解答，是达尔文一生最大的贡献，也是生物演化论最具革命性的内容——“自然选择”原理。

从表面上看，“自然选择”原理似乎十分简单。生物（包括人）的不同个体之间，多少都会有些差异——世界上没有两片树叶是完全相同的——这些差异是变异造成的，其中有些变异会影响到生物体的生存与繁殖能力。再者，自然界的资源是有限的，为了占有有限的资源，生物之间就会为生存而殊死搏斗。那么，具有“好”的变异的个体，存活的机会就更大，留下的后代也更多。长此以往，有益的变异得以扩散，有害的变异则被清除，最终使生物更好地适应其生活环境与生存方式。达尔文称这一过程为“自然选择”。

最简单也最有名的例子之一，就是长颈鹿脖子的演化。

一般认为，法国博物学家拉马克最早提出：长颈鹿之所以进化出长脖子，是为了吃到一般食植物动物够不到的树冠高处的树叶而不断拉伸脖子的结果。由于长颈鹿长期保持这种生活习性，故前腿渐渐地变得比后腿长，脖子也逐渐拉长。经过世代相传的拉伸，长颈鹿便进化出长脖子了。后来证明，这种通过反复使用而获得的性状是不能遗传给下一代的（就像运动员通过锻炼获得的发达肌肉不能遗传给下一代一样），因此拉马克的假说是不能成立的。

按照达尔文的自然选择学说，长颈鹿的长脖子是这样演化而来的：

1.一对长颈鹿生下几只小长颈鹿，它们的脖子有长有短。这就叫个体变异。而且很多个体变异会遗传。

2.当树叶不够吃的时候，脖子长的长颈鹿占了优势，可以吃到更高处的树叶，而脖子短的只好望“叶”兴叹。

3.最终，脖子短的长颈鹿饿死了，脖子长的活了下来，并留下了后代。这就是自然界的生存斗争。

经过生存斗争淘汰之后，脖子长的长颈鹿生存下来，并留下越来越多的后代。长此以往，长颈鹿的脖子似乎变得越来越长，这个过程就叫自然选择。

达尔文不仅提出了自然选择的原理，还向世人展示了自然选择在生物演化中无与伦比的力量：自然选择每日每刻都在满世界地审视着哪怕是最轻微的每一个变异，清除坏的，保存并积累好的；随时随地，一旦有机会，便默默地、不为察觉地工作着，改进每一种生物跟周围环境之间的关系。也正是累积的自然选择，导致改善了的后代与其原始祖先之间的差异越来越大，从而演化出新物种。

在达尔文之前，几乎没有人能反驳如下观点：“一个东西，如果看起来像是设计过的，那它一定就是设计过的。”正如西方一个谚语所说的那样：“看起来像个鸭子，走起路来像个鸭子，叫起来也像个鸭子，那么它一定就是个鸭子！”这就是前面谈到的佩利“钟表匠”推理的逻辑，它似乎无懈可击，达尔文却看出了它的破绽！达尔文发现：直觉在这里是错误的，除了随机组合和人为设计之外，还有第三种选择——累积的自然选择：只要有一点点细微的改善，自然选择就会找到它、利用它，用时间让演化达到那些似乎难以企及的目标和复杂性。

那么，长期累积的自然选择所驱动的生物演化及形成的无数新物种，会达到什么样的目标和复杂性呢？这就是本书第三个重点内容：我们以及我们周围的生物是如何适应千差万别的自然环境的?

上面谈到，通过自然选择发生的生物演化，是个集腋成裘的过程，即差异开始极小，后来经过长期累积越来越大，便形成了不同的物种。这又称作分异原理。

分异原理如何应用于自然界呢？让我们看看书中所讨论的两个例子。

肉食的四足兽类，因为要捕食其他动物，在任何一个地区，数量很容易达到饱和。如果由着它自然增长的话，它的后代必须通过变异，去夺取其他动物目前所占据的地方。例如，有些能改变猎食对象，活的也吃，腐肉也吃；有些能生活在新的处所，或者上树，或者下水；有些大概得干脆改变食性——少吃肉，或者像大熊猫那样干脆改吃竹子。这些肉食动物的后代，在习性和构造方面变得越多样化，它们所能占据的地方也就越多。

植物也一样。在同样大的两块地上，如果一块地只种一种小麦，而另一块地混杂地种几个不同变种的小麦，那么，后者会长出更多不同变种的小麦，结果，平均产量也比前者高。

任何一个物种变异了的后代，在构造、体质、习性上越是多样化，它们就越能在数量上增多、越能侵入其他生物所占据的位置、越能丰富生物多样性，在生存斗争中便愈加成功。在炒股上，这叫莫把鸡蛋放在一个篮子里。

另一方面，环境在自然选择中充当筛子的角色。这些生物在新的环境中，为了更好地适应新的环境条件，在自然选择原理的驱动下，继续演化，使自身与周围环境更加协调，以利生存与繁衍。结果，在千差万别的不同环境中就演化出了五花八门的不同生物类型。原来今天地球上的生物多样性，是亿万年来自然选择所驱动的生物适应于环境的演化结果！原来生物界中的万物，都是从同一个老祖宗那里来的呀！达尔文还根据共同祖先这一概念，给我们描绘出“生命之树”，来代表生命演化的宏观图景。这也是《物种起源》原著中唯一的一张插图。他把灭绝的祖先类型比喻为树根和树干，每一个主要类群（如纲、目、科等）好似大小不一的枝条，而现生物种，只是树上的一些嫩枝、绿叶和新芽。枯枝落叶，则代表灭绝物种，其中有一些保存成了化石。这株巨大的“生命之树”代代相传，它用残枝败叶充填了地壳，并用不断分杈的美丽枝条装扮了大地。

“生命之树”这一概念真的很棒！树冠代表当今地球上的生物多样性，树根则代表“万物共祖”的原始祖先。

现在我们简单总结一下：

达尔文在《物种起源》中，罗列了海量的证据表明：“神创论”与“物种固定论”是站不住脚的。物种是可变的，而且一直在演化。所有生物拥有共同祖先。

自然选择是生物演化的引擎。累积的自然选择，带来了物种分异与新物种的形成。

地球上的生物多样性，是亿万年来生物对其周围环境适应演化的结果；生物演化构成了万古常青的“生命之树”。

一言以蔽之，《物种起源》推翻了“神创论”，并以自然选择这一非神力干预的机制解释了生物的演化，揭示生物多样性与万物共祖是生命演进的同一硬币的两面。最后，我与大家分享《物种起源》书末一句美文：“生命及其蕴含之力能，最初注入到寥寥几个或单个类型之中；当这一行星按照固定的引力法则循环运行之时，无数最美丽与最奇异的类型，即是从如此简单的开端演化而来，并依然在演化之中；生命如是之观，何等壮丽恢宏。”

没想到一百多年前的科学经典竟这么文艺！

在世界经典著作中，《物种起源》是少有的（如果不是绝无仅有的话）一部跨越科学和人文两大领域的巨著。不像多数其他科学元典那样，如今只有少数专家还在研读，《物种起源》则是一部常读常新的“大众”畅销读物，出版一百六十多年来，一直经久不断地被印行并翻译成各种语言，为大家阅读甚至于激烈辩论。

达尔文写这本书的初衷就不只是为了给专家们看的，他试图说服世上所有的人。甚至于有研究者指出，达尔文非常希望他的父亲和舅舅兼岳父能喜欢这本书，因为毕竟是他们提供了他写作此书的雄厚经济实力（尽管他们最后都没能等到《物种起源》的面世便离开了人世）。因此，他不想把该书写成一部“高门槛”的学术专著，尽管他完全有这个能力（他的藤壶专著便是明证）。其次，他深知不寻常的理论要有不寻常的证据来支持，方能令人信服；因此，在书中他要列举方方面面的无数证据。那么，如何把千头万绪的证据以及他称之为“一部长篇的论争”的全书，用讲故事的手法、引人入胜地组织在一起，达尔文是煞费苦心的。不特此也，他凭借自己对维多利亚时代文豪弥尔顿和莎士比亚文笔的熟稔，在结构和修辞上都采用了文学手法。《物种起源》与狄更斯的《双城记》同年在伦敦出版，均成了当年的畅销书。下面我将援引书中的少许精彩片段，以展示达尔文深厚的文学造诣。

首先，请看书中对生存斗争的描述，达尔文采用了文学上的“反直觉”（counterintuitive）手法：

> 自然界的所有生物都面临着剧烈的竞争。人们目睹自然界外表上的光明和愉悦，却忽视或遗忘了那些在我们周围安闲啁啾的鸟儿，大多数是以昆虫或种子为食的，因而它们在不断地毁灭着生命；我们也忘记了这些唱歌的鸟儿，或它们下的蛋，或它们的雏鸟，也多被鸷鸟和猛兽所毁灭。我们常常只看到眼下食物

极大丰富，但也许没想到，不是一年四季都如此丰富的。

而对自然选择的描述，达尔文则采用了“拟人化”的手法：

换句话说，自然选择每日每刻都在满世界地寻找着哪怕是最轻微的每一个变异，清除坏的，保存并积累好的；随时随地，一旦有机会，便默默地、不为察觉地工作着，改进着每一种生物跟周围环境之间的关系。我们看不出这些处于进展中的缓慢变化，直到时间之手标示出悠久年代的流逝。然而，我们对于久远的地质时代所知甚少，我们所能看到的，只不过是现在的生物类型不同于先前的类型而已。

全书最后一段开头对生物多样性的“白描”，读来十分精彩、栩栩如生：

凝视纷繁的河岸，覆盖着形形色色茂盛的植物，灌木枝头鸟儿鸣啭，各种昆虫飞来飞去，蚯蚓爬过湿润的土地。

他在描述生命之树理论时，所用的比喻和隐喻以及处理文字的声韵和节奏的老到，不输于任何一位维多利亚时代的文豪：

> 同一纲中的所有生物的亲缘关系，有时已用一株大树来表示。我相信这一比拟在很大程度上道出了实情。绿色的、生芽的小枝可以代表现存的物种；往年生出的枝条可以代表那些长期以来先后灭绝了的物种。在每一生长期中，所有生长着的小枝，都试图向各个方向分枝，并试图压倒和消灭周围的细枝和枝条，正如物种以及物种群在生存大战中试图征服其他物种一样。主枝分为大枝，再逐次分为越来越小的枝条，而当此树幼小之时，主枝本身就曾是生芽的小枝；这种旧芽和新芽由分枝相连的情形，大可代表所有灭绝物种和现存物种的层层隶属的类群分类。
>
> 当该树仅是一株矮树时，在众多繁茂的小枝中，只有那么两三根小枝得以长成现在的大枝并生存至今，支撑着其他的枝条；生存在遥远地质年代中的物

种也是如此，它们之中极少能够留下现存的、变异了的后代。自该树开始生长以来，许多主枝和大枝都已枯萎、折落；这些失去的大小枝条，可以代表那些未留下现生后代而仅以化石为人所知的整个的目、科及属。诚如我们偶尔可见，树基部的分杈处生出的一根细小柔弱的枝条，由于某种有利的机缘，至今还在旺盛地生长着；同样，我们偶尔看到诸如鸭嘴兽或肺鱼之类的动物，通过亲缘关系，在某种轻微程度上连接起生物的两大分支，并显然因为居于受到庇护的场所，而幸免于生死搏斗。由于枝芽通过生长再发新芽，这些新芽如若生机勃勃，就会抽出新枝并盖住周围很多孱弱的枝条。所以，我相信这株巨大的“生命之树”的代代相传亦复如此，它用残枝败干充填了地壳，并用不断分杈的、美丽的枝条装扮了大地。

达尔文极善于把深刻的哲思化作充满浪漫主义色彩的文学遐想。在下面这段话中，他不仅不以现生物种（包括人类）并非上帝创造出来的高贵产物而自卑，反而为我们来自远古低等动物这一启示而倍感自豪。尽管我们的祖先种类看起来可能曾是十分卑微的，但生物演化使它们的直系后代已变得面目全非、焕然一新。同样，我们的后裔也定将会“旧貌换新颜”：

> 当我把所有的生物不看作是特别的创造产物，而是远在志留系第一层沉积下来之前就业已生存的少数几种生物的直系后代时，我觉得它们反而变得高贵了。以过往为鉴，我们可以有把握地推想，没有一个现生的物种会将它未经改变的相貌传至遥远的将来。

显然，达尔文眼里的生命世界，远不像有些人描绘的那样残忍和黑暗。恰恰相反，在他乐观主义的笔触下，生命世界显露出十分光明的前景；由于自然选择是生物演化的主要推动力，正像20世纪80年代一首流行歌曲所唱的那样，“我们的未来充满阳光”：

> 我们可以稍有信心地去展望一个同样不可思议般久长的、安全的未来。由于自然选择纯粹以每一生灵的利益为其作用的基点与宗旨，故所有身体与精神的天赐之资，均趋于走向完善。

在《物种起源》全书的结尾处，达尔文用颇具诗意的文字，把他的科学论断推向了生命礼赞交响曲的高潮。书末这句最为人们频繁引用的话，简直是神来之笔：

> 生命及其蕴含之力能，最初注入到寥寥几个或单个类型之中；当这一行星按照固定的引力法则循环运行之时，无数最美丽与最奇异的类型，即是从如此简单的开端演化而来，并依然在演化之中；生命如是之观，何等壮丽恢宏。

记得著名达尔文学者乔治·莱文曾发表过此番高论：如果让我们来评选19世纪最重要的英语文学作品的话，恐怕不会是狄更斯和乔治·艾略特的小说，也不会是华兹华斯的诗歌，而是达尔文的《物种起源》！

颇有点耐人寻味的是，达尔文在晚年所写的自传中，曾做如下夫子自道：直到三十岁前后，各类诗歌（比如弥尔顿、格雷、拜伦、华兹华斯、柯勒律治以及雪莱的诗）曾给我极大的乐趣；即便在学童时代，我对莎士比亚（尤其是其历史剧）也兴致极高。但自那以后的很多年来，我连一行诗也读不进去；最近我试图翻阅莎士比亚，却感到不忍卒读、令人恶心。另一方面，多年来小说一直是我消遣娱乐的读物；窃以为，小说是颇具想象力的文艺作品，尽管未必多么高档。我对小说家们常怀感激之心。

我想，达尔文在后半生中，把全部精力都放在科学研究上，逐渐失去了当年的“文青”风采。值得一提的是，在他风华正茂之年登上“小猎犬号”战舰时，随身携带的有限的几本书中，就有弥尔顿的《失乐园》；而且在环球科考途中他时常抽暇吟读。正是他年轻时打下的良好文学基础，才使得他在写作《物种起源》时得心应手，驾驭文字能够游刃有余。因此，《物种起源》也不失为一部文学佳作。

4

植物学家达尔文

女兰开处却无郎？

先父喜欢扬州八怪，尤其是郑板桥与金冬心。因此，耳濡目染，我自小就跟着他背诵了不少吟诵兰花的诗词，比如，郑燮的“画工立意教停蓄，何苦东风好作媒”以及金农的“雨过深林笔砚凉，女兰开处却无郎”。万没想到，我后来研究达尔文，竟发现达翁也是名副其实的“兰花痴”！

《物种起源》出版后不久即售罄，达尔文便紧接着修改以再版。同时，他在着手写作《动物和植物在家养下的变异》。这两本书是他计划中的那本物种大书的第一部分重头戏。然而，到了1860年春天，他已写得头昏脑涨、精疲力竭；这时候他需要换件有趣的事做做，缓口气儿。天晓得他一下子迷上了他家附近的“兰花坞”——一个他和妻子常去散步的地方，那里长满了各种各样的兰花。达尔文对兰花产生兴趣，至少有两个重要因素：1.他在剑桥的良师益友亨斯洛教授是植物学家，因此他的植物学基础很好；2.他读过一位德国博物学家、神学家的小书，这位神学家认为，花的作用是吸引昆虫来替其传粉，以达到异花受精的目的，并认为这是上帝精心设计的。而当时主流观点则认为花是上帝为美而创造的，植物是自花受精的。达尔文读了那本小书之后，同意作者异花受精的观点，但反对这是上帝的创造。他试图证明，异花受精促进变异的发生与保存，并猜测植物与昆虫间的协同演化，会支持他的自然选择理论，并且能解释植物与昆虫间极端适应的发生。

达尔文最初是为了缓解写作压力，借观赏兰花以休闲，不料想这一闲情逸致竟使他发现了兰花适应昆虫传粉的种种奇妙、独特的机制，令他一发而不可收拾。他在给好友、植物学家胡克的信中兴奋地写道：“我研究兰花大有斩获，它让我看到：为了借助昆虫传粉，兰花的各个部分几乎都与虫媒受精相互适应；显然，这是自然选择的结果。”

达尔文关于兰花受精的部分研究，于1862年春在伦敦林奈学会宣读，受到植物学家们的高度重视和赞赏。不久，《论英国及外国兰花通过昆虫受精的各种装置以及杂交的良好效果》一书就由他的出版商默里出版。尽管这是一本非常有趣的书，但可能由于书名冗长，令读者望而却步，其销量并不好。然而，这在科学界确立了达尔文作为植物学家的声誉，赢得了植物学家们对他的尊重，不少原先反对他的生物演化论的人，开始改变态度。这些对达尔文是相当重要的。更为重要的是，兰花生殖生物学研究很快成为一门“显学”，兰花受精研究带来了很多惊人的发现。

1982年，我在加州大学伯克利分校听了著名达尔文学者、植物学家莱迪亚德·斯特宾斯（Ledyard Stebbins）的报告，题为《性是否必要？》。他从达尔文这本书讲起，介绍了后来的一系列发现，真令人大开眼界。兰花吸引昆虫及其他动物为它传粉，演化出的各种装置及策略简直出神入化。有的兰花外表乃至于气味酷似雌性昆虫，即“假扮新娘”。有的兰花酷似昆虫产卵的场所，诱惑雌性昆虫前来产卵，借此为其传粉，被称为“假扮产房”。还有的兰花酷似雌性昆虫栖居地，以吸引雄性昆虫前来交配，达到为其传粉的目的，被称为“假扮闺房”。上述“拟态”

都属于“色诱”；“食色，性也”，兰花还有“食诱”，即通过各种虚假的外表（比如假花粉、假蜜腺等），诱惑觅食的昆虫来访，为其传粉。

最为神奇的是，达尔文通过自己的研究，竟能根据兰花结构推测出传粉昆虫的类型。1862年，达尔文收到了一种原产于马达加斯加的兰花——大彗星兰标本。它的白色花瓣呈星状排列。最令达尔文惊诧不已的是，它有约29厘米长的花距（从花口到底部的距离）。而花蜜一般位于底部4厘米左右处，这就意味着要想吸食到花蜜，昆虫或蜂鸟的喙至少要长达25厘米！达尔文惊呼：“我的天呐！什么样的怪物才能吸食到此花的花蜜呢？”随后，达尔文根据自己的自然选择理论做出了大胆预测：在马达加斯加岛上，一定有一种喙长至少达25厘米的昆虫。当时的昆虫学家当中，有不少人对此持怀疑态度，尤其是那些并不相信达尔文学说的人。不过，达尔文的预测得到了博物学家华莱士的大力支持。华莱士也是达尔文自然选择学说的共同提出者。华莱士还做出了进一步的预测，他认为这种

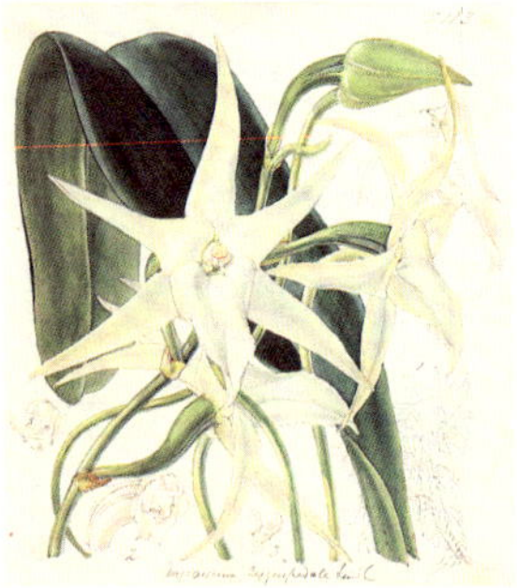

大彗星兰

昆虫应该类似于他在东非见过的天蛾；并热情鼓励将赴马达加斯加岛考察的博物学家们，建议他们到了岛上之后，要像天文学家寻找海王星那样满怀信心地去寻找这种长喙天蛾。1873年，《自然》杂志报道，在巴西发现了喙长25厘米的天蛾。到了1903年（距达尔文最初预测时四十一年），终于有人报道了马达加斯加的一种喙长达30厘米的天蛾！这种天蛾与华莱士在东非所见的天蛾属于相同物种，后来被命名为一个新亚种："预测天蛾"，以纪念达尔文与华莱士的预测。此后，人们也往往把大彗星兰俗称为达尔文兰花。

记得斯特宾斯教授说，性不是非有不可，生物中确有无性繁殖的；然而，有性多好啊！有性生殖丰富了基因多样性、加速了生物演化，因而大大地丰富了地球上的生物多样性。同时，若是没有"性"的话，也就没有了文学艺术，那生活该多没劲啊。走笔至此，我突然想起这样一个画面。在黄土高原上，一位老汉问放羊娃：你放羊做啥？娃答：换钱。老汉又问：换钱做啥？娃答：娶婆姨。老汉再问：娶婆姨做啥？娃答：生娃。老汉最后问：生娃做啥？娃答：放羊……

人们一般认为达尔文的生物演化论是"适者生存"，

这是很片面的。没有繁殖的生存，在生物演化上是毫无意义的。达尔文生物演化论的精髓是生存斗争中优赋变异的保存和积累，而这只有通过繁殖传代才能实现。在这一方面，兰花令人类相形见绌。

攀援植物与诗词吐槽

多年前，我读舒婷的《致橡树》，对其第一句，就不以为然。她写道：“我如果爱你，绝不像攀援的凌霄花，借你的高枝炫耀自己。”瞧，她把凌霄花的攀援当作是炫耀了。当时，我心里想，她应该好好地补一补植物学或古诗词的课程。同是写凌霄花，北宋诗人杨绘就不像舒婷这么武断，他的《凌霄花》诗曰：“直饶枝干凌霄去，犹有根源与地平。不道花依他树发，强攀红日斗鲜明。”李白对攀援植物紫藤树，也是充满褒扬的：“紫藤挂云木，花蔓宜阳春。密叶隐歌鸟，香风留美人。”

达尔文在《论英国及外国兰花通过昆虫受精的各种装置以及杂交的良好效果》之后，专门写了一本研究攀援植物的书——《攀援植物的运动和习性》。达尔文写这本书的灵感来自他的好友和支持者、美国植物学家格雷。1858年，他读了格雷的一篇短文《论卷须的运动》，对攀援植物产生了浓厚的兴趣。过去一般认为，植物跟动物间的重要区别便是后者运动而前者不动，而攀援植物似乎模糊了这一界限。达尔文试图在生物演化论的框架下，探索这一类有趣的植物。格雷的原文是研究一种野生黄瓜卷须的运动特点的，这种野生黄瓜是美国东北部的一种土著植物，当时人们用来治疗糖尿病。格雷从美国给达尔文寄去了野黄瓜的种子，达尔文在自家的温室里种植，并时时刻刻地观察、记录。像他的许多研究一样，达尔文总是尽可能地扩大研究范围，最终他的书中研究了42种攀援植物，分成缠绕植物、叶攀援植物、带卷须植物，以及具钩刺附属器官和根系攀援植物四种类型，并分别加以详尽的论述。

对缠绕植物，达尔文注意到了它们的“手性”，即大多数有着不同的固定缠绕方向。比如，牵牛花、四季豆、丝瓜、山药等，缠绕方向为逆时针方向（即左旋转缠绕）；而金银花、鸡血藤等，缠绕方向则为顺时针方向（即右旋转缠绕）。还有一些缠绕植物，并无固定的缠绕方向，比如何首乌等。

在达尔文的时代，他猜想到这些可能与攀援植物适应生长环境、为了获得更多的阳光雨露有关，而且可能与生长激素的分布也有关。但限于当时的研究手段和认识水平，他无法确知其真实原因。然而，他在书中颇有信心地指出：通常认为植物有别于动物，在于植物缺乏运动能力；我认为正确的表述应该是，植物只有在运动对其有利时，才会获得和展示这种能力。由于它们固着于地表，空气和水带给它们食物，因此相对来说，它们不太需要运动的能力。显然，达尔文把攀援植物的运动能力归结于自然选择下的环境适应。因此，这是支持他的生物演化论的。

后来的研究表明，缠绕植物的缠绕方向性，委实是生物演化的结果，是自不同祖先类型遗传下来的本能。亿万年前，两类缠绕植物的祖先类型分别生活在南半球与北半球。为了获得更多的阳光雨露，它们的茎端就朝向太阳照射的方向生长。因此，生长在两个不同半球的祖先类型便向不同方向旋转。经过漫长的演化，便形成了各自固定的旋转方向，即便移居他处，其缠绕方向性也被固定不变地遗传下来。而没有固定缠绕方向性的植物，则是起源于赤道附近。

近年来，分子生物学研究也逐渐揭开生长激素的奥秘。生长激素由植物正在生长的未成熟部分生成，随后被转送到整个植物体。植物的茎需要尽可能地伸直以高效地吸收太阳光线，因此更多的生长激素被输送到茎的下部，使其加速生长并伸直。同理，窗前的植物也通常会转向光源，因而朝阳的一面总是生长得更快。生长激素的这种动态调控，确保了植物能够最有效地利用局部的和不断变化的环境条件。

在书的结论部分，达尔文详细分析了为什么这些适应会发生，这些适应又是通过什么样的形式发挥其有利效应的。他指出，缠绕植物有利于固着（通过攀附其他植物得到额外的支持），这在多风的环境中无疑是很有利的。另外，在高大密布的丛林中，缠绕植物也是有利的，它们可以攀附大树生长到丛林的冠盖（即树冠层）之上，以获得更多的阳光雨露和发展空间。因此，攀援植物的运动

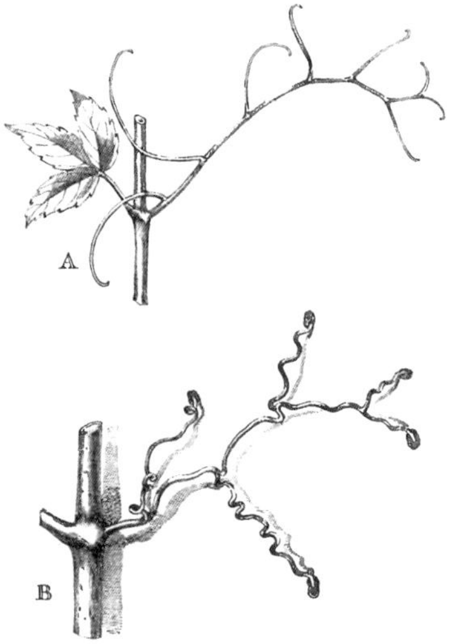

《攀援植物的运动和习性》插图

能力是源于它们自身的需求，逐渐演化而来的。显然，攀援植物的“攀高枝”绝不是像舒婷所说那样，是为了“炫耀”，而是生存斗争中实实在在的“需要”。正像达尔文向自己的出版商“推销”的那样，这本书包含了许多新颖的观点和内容，值得出版。该书最初以长篇论文形式发表于《林奈学会志》第九卷（1865年），直到1875年才由他的出版商默里正式以书的形式修订出版。该书的插图是他儿子乔治画的。

在达尔文众多著作中，《攀援植物的运动和习性》被视为其主要著作之一；在他的植物学著作中仅次于《论英国及外国兰花通过昆虫受精的各种装置以及杂交的良好效果》，位居第二。跟达尔文的其他著作一样，该书不仅有其经典地位，还有重要的现实意义，尤其自20世纪90年代以来，激发了一系列新的、多学科研究，盖因热带森林生物多样性研究以及整合生物学的兴起，尤其是生态学和保护生物学等方面的进展。攀援植物在热带雨林生态系统中有着十分重要的地位，不仅影响诸多树栖动物，而且对整个生态系统有正面影响，比如增加物种多样性、结构多样性、可利用资源，以及林中动物通道、生育地多样性等。达尔文真的很了不起，在科学研究上，他好像有一双特别神奇的手，但凡他触碰过的领域，于今依然十分活跃；不特此也，他几乎无一例外、无可争辩地成了这些领域的开山鼻祖。

达尔文的神奇植物

新闻界有个说法：狗咬人不是新闻，人咬狗才是新闻。同理，在生物界，动物吃植物不是新闻，植物吃动物才是新闻。我在《达尔文通信集》里，看到他1864年写给

邱 园

好友、植物学家胡克的一封信，信中写道：“温室对我而言，真是个游乐场，而我从中获得的乐趣则应感谢你。每当我观察那些来自你们邱园[1]的很多叶子和植物时，我都兴奋不已。”达尔文在这一期间，迷上了温室和各种植物，尤其是几年前刚发现的一种神奇的植物。

1860年，达尔文和妻子艾玛前往唐庄（即达尔文居住地）南郊的灰毛林，去寻找沼泽兰花，却意外地发现了茅膏菜。兰花靠昆虫传粉，而茅膏菜却以昆虫为食！茅膏菜生有肉乎乎、毛茸茸的叶子（直径约1厘米左右），是一种食虫植物。茅膏菜叶子在猎物触碰的刺激下，能把苍蝇和蜘蛛等卷进去，并分泌出黏液将其消化，宛若食虫动物一样。达尔文对茅膏菜叶子具有如此灵敏的捕虫机制充满了好奇，便在自家温室里培植了茅膏菜，并花了很多时间进行认真的观察和实验。比如，他把各种物件放到叶片上，观察它用黏乎乎的腺毛把它们包裹起来。他还用生肉、蛋黄、驼毛刷、氯仿等去刺激茅膏菜叶片。他是如此地投入，以至于艾玛感慨地说：现在他把茅膏菜当成了活生生的动物，我猜想他大概想证明它就是一种动物吧！

更令达尔文惊奇不已的是，尽管茅膏菜叶片在一根毛

1 邱园（Kew Gardens），即英国皇家植物园。胡克是时任邱园园长。

发的触碰下，就能产生反应，却对高处落下的水滴无动于衷。他认为，这应是一种适应性行为；若对雨水这类“假警报”也做出反应的话，那就等于做了无用功、浪费了能量，显然是一件得不偿失的事。

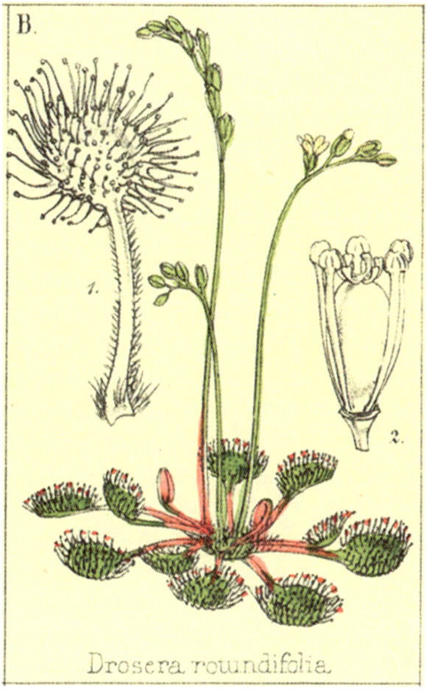

茅膏菜

达尔文的走火入魔也险些把他引入了研究的歧途，他竟然试图找出茅膏菜的“神经”——看来真被艾玛不幸言中。他误以为茅膏菜的“神经”是伴随着维管束分布的，便做了如下实验：他用十分锋利的小柳叶刀片，将叶片半边的维管束切断，当他试图刺激叶片的另一半时，果然只有这一半未受损的叶片有反应，而维管束被切断的另外半边叶片却没有任何反应。因此，他相信这就像把青蛙的脊髓从中间分离开一样！

当然，直到一百多年之后，由于有了高科技手段，科学家才发现其中的奥秘。原来当昆虫触动叶面时，会产生一种电荷，而这种电荷在叶面组织内聚集，并沿叶面内部充满液体的导管（即维管束）向下传导，使细胞膜上的小孔张开，液体从叶内面的细胞流至叶外面，从而开启页面的闭合机制，以捕捉昆虫。其实植物并没有神经，食虫植物可算是一种“电动植物”。达尔文若地下有知，该会多么兴奋啊！

除了茅膏菜之外，达尔文还研究了食虫植物中其他一些物种（比如捕蝇草、圆叶毛毡苔等），于1875年写成了《食虫植物》一书。他对捕蝇草迅速精准的反应以及强有力的叶面关闭功能击掌称巧，称之为“世界上最奇妙的植物之一”。

读到此处，也许读者会问：植物不都是自养生物、靠光合作用自己制造食物吗？为什么食虫植物要吃虫子，这不是“狗咬耗子多管闲事”吗？自然，跟其他植物一样，食虫植物也通过光合作用合成糖和碳水化合物，但是植物所需要的其他营养成分（尤其是氮素和磷素），一般植物都是从土壤中获取，而食虫植物大多生活在贫瘠的沼泽地区，土壤中含氮和含磷量极低。此外，食虫植物的根系都不发达，许多种类甚至压根儿就没有根。适应演化的结果，使它们“另辟蹊径”。因此，通过吃虫子来获取氮素和磷素，便成为顺理成章的事儿。如此一来，“堤内损失堤外补”，食虫植物不再依靠土壤获取氮素、磷素等营养物质，而直接从动物身上索取。这就是自然选择的无穷威力之所在！目前，已知食虫植物有近600种，它们千姿百态、各具妩媚之处，但它们有着一个共同点，即诱捕昆虫，并从中汲取养分。食虫植物在长期演化过程中，多生活在酸性泥炭地、沼泽地、沙滩、岩坡等其他植物不易生存的环境，使其成为自己专属的生态环境，而不与其他类型的植物竞争。它们器官的高度特化，则反映了生物对环境极度完美的适应。

虽说达尔文的科学研究是“兴趣驱动型”的，但他的每一项研究都并非无的放矢。他终其一生都在竭力向人们展示生物多样性的“美”以及自然选择理论的“真”，他是把科学当作艺术一般追求的。他所记录的食虫植物，展示了地球上无数最美丽与最奇妙的生命类型中最为神奇的一支，而食虫植物各自奇特的捕虫机制与对环境的适应，则生动地表明了生物演化“已经并正在进行之中”。这一情景是多么地“壮丽恢宏”啊！

对于达尔文在植物学方面的研究，他同时代的伟大的美国植物学家格雷曾给予下述评价：达尔文这些研究是自林奈以来，凭一人之力对植物学做出的最杰出贡献。对此，无论怎么赞美也不为过。一个人只要有这些贡献，就足以在科学史上名垂千秋了，然而，达尔文先生的贡献远远不止这些。走笔至此，我突然想起爱因斯坦对普朗克的评价。他说：“许多人投身科学，并非都是奔着科学而来的。有些人迈进科学殿堂，是想显露其科学才华；对这类人来说，科学只是一项体育运动，他们可借此展示其肌肉的健美。另一种人进来，是希冀以其聪明的脑袋来填满囊中羞涩的钱袋；这类人成为科学家只是择业的偶然，若另有机遇，他们或许会变成政客和商贾。而我们的普朗克是为数极少的科学的虔诚信徒之一。”毫无疑问，达尔文是不折不扣的科学与真理的虔诚信徒。

植物学家达尔文

达尔文是全能型的博物学家，他在博物学的各个领域都卓有建树。然而，人们对他在植物学方面的重要贡献，一般而言知之甚少，尽管他在《物种起源》中引述了许多植物学方面的证据，而且在余生岁月中主要从事植物学研究，并出版了六部植物学著作。其中三部是关于花的植物学或生殖植物学的，影响尤为深远：《兰科植物的受精》（1862年）、《植物界异花受精与自花受精》（1876年），以及《同种植物的不同花型》（1877年）。一如围绕着达尔文的许多佯谬与悖论一样，深究这一怪象，对理解达尔文对于演化植物学与植物生态学的重大贡献，既是有益的也是有趣的。

不少人可能一直有一种错觉：青年达尔文乘“小猎犬

号”战舰环球科考，途经加拉帕戈斯群岛，在相距很近的不同小岛上，见到了喙部形状各异的地雀；他受到这一观察的启发，遂产生了物种可变的想法，回到英国后，便写出了震惊世界的不朽经典《物种起源》。事实远非如此简单！达尔文对“物种固定论”产生怀疑，始于他在南美发现类似于现生大树懒的贫齿类哺乳动物化石。而在加拉帕戈斯群岛上，他对各个小岛上植物本土化的印象，远比对地雀本土化的印象更为深刻。正如科恩等人2005年在《自然》杂志上撰文指出的那样，达尔文在剑桥大学读书时，受其良师益友、植物学教授亨斯洛先生的影响最大，在植物学方面打下了良好基础。当他在加拉帕戈斯群岛的各个小岛上看到了形态相似但又不完全相同的植物种类时，他立刻意识到这很可能就是亨斯洛教授当年在课堂上所说的同种植物的不同“变种”（达尔文后来在《物种起源》中称之为“雏形种”）。因此，达尔文仔细采集了这些植物标本，并把它们的确切产地以及采集日期都详细地记载了下来。十多年后，这些植物标本经他的好友、著名植物学家胡克先生研究，证实了达尔文最初的猜想。相形之下，达尔文采集各个小岛上的地雀标本时，就没有做同样详细的标记，以至于后来鸟类学家古尔德先生研究时，曾为缺乏确切的产地信息而大伤脑筋。因此，科恩等人写道："委实，当达尔文最初登上加拉帕戈斯群岛时，他显然认为植物比鸟类更有趣，因此他就没有同样仔细地标记鸟类的确切产地。"

回过头来谈谈下述悖论：为什么达尔文会在植物学研究上费时多年？为什么他对植物学贡献颇多、影响深远，生前却未曾以卓越的植物学家而名世呢？

从某种意义上说，达尔文对植物学的兴趣是与生俱来的，其祖父伊拉斯谟就是英国知名植物学家，并且翻译过林奈的著作。达尔文自小就喜欢花草，一副他六岁时跟姐姐凯瑟琳的画像里，他手里就捧着一盆花；十来岁时他就帮助父亲打理后花园里的牡丹。他十五岁在爱丁堡大学医学院学医时，虽然中途退学，但对"药用植物"课，还是颇感兴趣的。在剑桥大学，他最喜欢的教授是植物学教授亨斯洛先生，并成了跟他"形影不离"的人。在亨斯洛教授的植物学课程里，他不仅学习了植物的分类与解剖知识，还有机会熟悉亨斯洛教授植物标本室的众多植物压制标本。值得指出的是，他不仅在环球科考中为自己和亨斯洛教授采集了大量植物标本，而且早在跟随剑桥大学地质学教授塞奇威克去威尔士北部做地质考察时，就曾为亨斯洛教授采集过那里的沙地紫罗兰标本——这也是记载中达尔文最早为植物标本室采集的标本。除了他的上述经历之外，至少有以下三大因素使达尔文对植物学研究情有独钟。

首先，跟达尔文的所有研究一样，他的植物学研究，旨在为他的伟大理论——物种可变性以及自然选择机制提供证据。达尔文研究了从藤壶、蚯蚓到蜜蜂、甲虫等非常不起眼的无脊椎动物，也研究了家鸽、家犬和马牛羊等人们熟视无睹的家养动物，还研究了许许多多珍奇有趣的植物，但所有这些研究，原本都是为他计划中要撰写的那本有关物种的“大书”服务的。由于众所周知的原因，半路杀出了个华莱士，致使他的原计划中途“流产”。达尔文在《物种起源》中无数次地向读者道歉，限于篇幅，他无法详细陈述支持他物种理论的大量证据，并期望读者对他“论述的准确性给予一定的信任”。从某种意义上可以说，《物种起源》之后达尔文的所有著作，都是为了“补偿”读者的信任而写的。比如，《人类的由来与性选择》，是对其《物种起源》书末“犹抱琵琶半遮面”的那句名言“人类的起源及其历史，也将从中得到启迪”以及第四章里“性选择”一节的补充；而《植物界异花受精与自花受精》的主旨，在《物种起源》里只是轻描淡写地一笔带过："然而我怀疑，没有任何一种生物可以永久地自行繁殖。"更有甚者，达尔文的最后一本书《腐殖土与蚯蚓》，在《物种起源》全书结尾处仅以九个字闪亮登场："蚯蚓爬过湿润的土地。"因此，我一向有个私见：若想真正读懂《物种起源》，真得通读达尔文的全部著述方可。

其次，达尔文是天生的博物学家，从小就有收集的癖好，终生乐此不疲，如醉如痴。从矿物、化石到甲虫、水母、藤壶等，无所不收，自然不会放过美丽可人的花草。事实上，他的私宅"党豪斯"，除了拥有著名的英式花园之外，还有温室花房；真可谓"谈笑有鸿儒"，放眼皆花蔬。达尔文与爱妻艾玛都是爱花之人，经常相伴去观赏唐庄南郊的"兰花坞"；也正是在那里，达尔文首次邂逅了食虫植物茅膏菜。此外，"物以类聚，人以群分"；达尔文的朋友圈中，很多人是植物学家、园艺师、育种家、植物采集者和收藏家，包括剑桥大学的良师益友亨斯洛教授、英国皇家植物园（邱园）园长胡克、美国哈佛大学植物学家格雷等等。博物学研究属于兴趣驱动型研究，而达尔文又是典型的有闲阶级绅士科学家，他在这一植物学

“票圈”里找到了知音，并在与他们的交往和切磋中不断增长知识、扩展兴趣，得以在植物学研究方面越钻越深、越走越远。因此，达尔文对植物学研究是出自真爱，他曾不止一次地坦陈：“在我一生中，兰科植物给了我无与伦比的乐趣”；“在我整个科学生涯中，没有任何发现带给我的满足，堪比对异形花柱结构的认识”……

最后（或许也是最重要的），植物学研究不仅为达尔文的生物演化论提供了大量证据，而且与其他生物类群的研究相比起来，更适合他的工作习惯、研究方式和实验手段。除了讨论本能的第七章与讨论地质学的第九、第十两章以外，《物种起源》中所提及的植物学证据俯拾皆是。达尔文见微知著的观察能力，历来为人称道，他总是能见人之所未见，许多人们熟视无睹的东西，他会反复仔细观察，并能迅速捕捉到它们的重要性。他还是一位极为聪明、极具创造精神的实验者，在实验设备简陋的19世纪（光学显微镜刚刚问世），他即开始设计许多看似十分简单却非常有效的实验，获得了相当可靠的实验结果。达尔文在环球科考途中染上一种怪病，归国后折磨其余生，严重时往往令他感到生不如死，大大限制了他野外工作的可能性。他其后几十年的研究与写作基本上都是在“党豪斯”完成的。植物相对比较容易培育，且固着不动，因而非常适合达尔文基本上足不出户的工作习惯。由于上述种种原因，他的研究兴趣越来越多地转向植物。

因而，了解达尔文的植物学研究，不仅有助于加深理解他的生物演化论，也有助于进一步认识他敏锐的观察力和机巧的实验技能。可是，为什么长期以来生物学家与科学史家们并未把达尔文视为植物学家呢？与其说是达尔文的植物学研究被他的生物演化论盛誉遮蔽了，毋宁说是他的植物学研究太超前了。如果说孟德尔的遗传学研究超前了几十年的话，那么达尔文的植物学研究至少超前了一百年！

达尔文的时代及其后几十年间，植物学研究主要集中在分类、解剖方面，处于生物分类系统学的所谓阿尔法阶段；他的朋友胡克与格雷都是当时享有盛名的植物分类学家。而达尔文的植物学著作，主要是从生物演化的角度，审视植物在自然选择压力下，如何演化出适应环境的各种机制（具体体现于植物结构和器官上），比如《攀援植物的运动和习性》《植物的运动》《食虫植物》。抑或是探究物种形成的过程与机理，从变种（或雏形种）到新物种的衍变，即种化（speciation），以支持他的物种可变、万物共祖的理论，比如《动物和植物在家养下的变异》等。这些研究直到20世纪30年代至40年代，生物学中现代综合系统学派的兴起，才获得植物学家们的充分理解和普遍重视。1950年，美国植物遗传学家斯特宾斯的名著《植物的变异与演化》问世，使得困扰达尔文的很多问题，在新达尔文主义的框架中迎刃而解。此后的20世纪下半叶，新学科演化植物学诞生，给一百年前达尔文的植物学研究，带来新的生机。然而，他的三本生殖植物学著作，还要等待一些时日，直到植物生态学的建立，方能得以复兴。换言之，达尔文如此地先知先觉，他的植物学家桂冠，要等到他的贡献被人们充分理解时方有可能。近几十年来，达尔文的植物学著作是除《物种起源》外最广为阅读的。尤其是他的三本生殖植物学著作，启发了很多博士论文选题以及新的研究项目，成为演化生态学或植物生态学领域的经典文献。这些既说明了达尔文研究工作的坚实透彻、经得住时间考验，也显示了他学术思想的前瞻性。《植物界异花受精与自花受精》堪称经典中之经典，不仅成为现代生殖植物学的奠基石，而且为演化生态学中的协同进化研究提供了许多启示和范例。

达尔文自称，《植物界异花受精与自花受精》是他“近三十七年来极感兴趣的课题”，为此他收集过大量的观察材料，并设计了很多简单但机巧的实验。在长达十一年的实验过程中，曾起用他好几个孩子做他的“助研”，所用实验植物多达60余种。他使用人工控制的授粉方法，在众多植物物种之间，观察和比较异花受精与自花受精所产出的不同后代在生长以及性状等方面的差异，指出了自花受精所带来的近亲繁殖，会对后代产生诸多不利影响[1]。该书于1876年由他的出版商默里出版，被达尔文视为他1862年《论英国及外国兰花通过昆虫受精的各种装置以及杂交的良好效果》的姊妹篇。

植物中从杂交到自交的过渡，是最为常见的演化现象之一。尽管如此，在被子植物中只有大约10%—15%的种类是以自交为主的。达尔文在《植物界异花受精与自花受精》中，早已注意到这一现象，并用实验结果证明自花受精是有害的，而异花受精则是有益的。后者在植株大小、体素活力（生命力？）、种子发芽率以及植株结实力等方面，相比前者，均具有强大优势。此外，他还注意到许多物种都有阻止自花受精的各种机制，最简单的办法是雌雄

1 即现在所谓的“近交衰退”（inbreeding depression）现象。

异株，让它们“两地分居”。即便雌雄同株，有些植株上的单性雄花与雌花的成熟期是错开的，以至于“牛郎织女”不能相遇。现在我们知道，植物还有其他一些窍门来阻挡自交的成功，比如，同一植株上的花粉含有化学阻挡层，致使不能为其胚珠授精。达尔文书中称为“自交不孕的原因”，即现在所谓的“自交不亲和性”。

一方面，达尔文明白自花受精在交配成本上相对低廉，“近水楼台先得月”与“肥水不流外人田”的自交策略，在交配对象相对短缺的情况下具有一定的适应意义。它比较容易确保交配成功，使物种迅速占领适宜的生境，实现群体扩张。在短期内，自花受精有着显而易见的优越性。另一方面，他也明确指出，从长远来看，异花受精却有增加个体杂合度的优势，使其更容易适应多变的自然环境，降低死亡和灭绝的概率，而且杂交后代的生命力也比自交后代的生命力更为强盛。不过，由于达尔文缺乏遗传学方面的知识，他无法真正从理论上解释这些现象的深层原因。

那么，为什么植物界依然存在相当多的自花受精类型呢？首先，自花受精植物在授粉率上相比异花受精植物有50%的优势，它们不仅能给自己授粉，也可以给异花受精植物授粉。其次，自花授粉无须像异花授粉那样依赖传媒。从种群遗传学家的角度来看，在基因传递上，自花受精相比异花受精有3/2的优势：自花受精植物在其种子里传递两份基因，而异花受精植物只传递了一份。这是再简单不过的算术问题啦。

另一方面，达尔文有关异花受精植物有着长远优势的结论，也得到了现代系统学派的代表人物之一、著名美国植物遗传学家斯特宾斯教授的支持。记得我1980年代初在加州大学伯克利分校学习时，有幸听过斯特宾斯教授的课，他有一次课，曾专门讲解“杂交是否必要”。老人家指出，杂交虽然对传宗接代并非必要，然而它对生物多样性来说，却无比美妙！他指出，从生物演化上说，自交是“死胡同”。在植物界，杂交向自交的过渡是不可逆的，自交类群对环境变化的适应性很差，因而遭受灭绝的概率极高。因此，尽管自交类群在植物演化史上曾多次重复出现，然而每每是“短命”的（盖因其灭绝率很高），这也是为什么杂交类群支系在自然界中占有绝对的优势。

当然，聆听这些大家讲课最为愉悦之处，是有机会听到一些有趣的八卦和“戏说”。斯特宾斯教授在课上特别指出，达尔文对生殖植物学的痴迷，尤其是对杂交的兴趣，很可能缘于其一生的切肤之痛。达尔文深受“近交衰退”之苦：他与舅表姐艾玛结婚后，共生育了十个子女，其中三人夭折，三人终身不育。在他研究了植物的自交不孕机制之后，曾不无感慨地说，这是最令人叹为观止的生物学现象之一，植物真聪明啊……

5

达尔文的其他著作

达尔文另一只靴子的落地

长期以来，不少人有一种误解，即以为《物种起源》是讨论生命起源的。许多读者曾向我吐槽说，读了您翻译的《物种起源》，还是没弄明白地球上的生命究竟是如何起源的？我说，达尔文写这本书的目的，原本就不是探讨生命起源的，而是探讨地球上众多形形色色的生物物种，究竟是不是上帝一个个独立地创造出来的，而且一经创造出来之后，便固定不变了。他提出“物竞天择、适者生存”的自然选择理论，就是要表明，地球上五花八门的生命形式，都是为了适应千变万化的环境、“委曲求生”，从最初一个或少数几个原始类型长期缓慢地自然演化而来，这里面根本就没有造物主啥事！因此“万物共祖”，即普天下生物物种都有着远近不同的亲缘关系；生物多样性是千百万世代生物演化的结果，完全没有超自然力量或神力的干预。达尔文心知肚明，维多利亚时代的读者也一眼看穿，他这就是要否定造物主的存在，这在当时是大逆不道的异端邪说。正因为如此，达尔文才迟迟不敢发表他的观点。在洋洋洒洒的《物种起源》里，他对人类自身的起源，一直避而不谈；只是到了结尾处，才一笔带过地写道：“人类的起源及其历史，也将从中得到启迪。”真可谓“千呼万唤始出来，犹抱琵琶半遮面”。尽管如此，维多利亚时代的读者心里都很清楚：达尔文这是在暗示人类自身也是从“先存”的物种演化而来的。

如果说《物种起源》是达尔文给维多利亚时代人头上扔下的一只靴子，那么，他的另一只靴子落地，还要等上十二年。1871年，他终于鼓足勇气，发表了《人类的由来与性选择》。在达尔文的众多著作中，这一本被视为《物种起源》的姊妹篇，是达尔文最重要的两部著作之一。弗洛伊德则将其称为“人类历史上最重要的十本

《人类的由来与性选择》1871 年版

书之一”。

颇为令人意外的是，这部皇皇巨著，只有前面不到三分之一的篇幅是讨论人类起源的。达尔文的“大胆假设”是：人类起源于非洲一种灭绝了的古猿，而遗留下来的人类近亲则是黑猩猩与大猩猩。他的“小心求证”所依据的证据，基本上来自两方面：形态与行为。与他在《物种起源》中不遗余力地求证相比，在《人类的由来与性选择》中，他的“大胆”似乎远远超过其“小心”。平心而论，我们也不能用“后见之明”来苛责达尔文，那时还没有发现任何古人类化石，离基因组分析对比还有一个世纪；缺少化石这一“实锤”，达尔文的双手是被捆住的。不过，一百多年来的科学进展表明，达尔文的理论是颠扑不破的。正因为他在《物种起源》中做了超量的“小心求证”，他才能在《人类的由来与性选择》中颇为自信地表示，他的人类起源理论“所依据的基础将是无可撼动的”。达尔文把人类自身放在灵长类的谱系树上，阐明我们跟猿类之间的区别只是程度上的不同，而不是本质上的不同，这就足够了！而且在那时候，但凡不持有深度偏见的人，业已接受了《物种起源》里的“长篇论辩”，他显然也没有必要再去重复其中的逻辑内容。

然而，达尔文却用余下的大量篇幅深入讨论了“性选择”。这是为什么呢？

其实，他在《物种起源》中“自然选择”一章，已有短短的一节称作“性选择”。他写道：“……自然选择可以针对与异性个体的功能关系，抑或针对雌雄两性完全不同的生活习性，使单一性别的个体产生变异。这就让我对于我所谓的‘性选择’略表几句。这种选择，并不依赖于生存斗争，而是依赖于雄性之间为了占有雌性而进行的斗争，其结果并不是败者即亡，而是败者少留或不留后代。性选择因此不像自然选择那么严酷无情。”

显而易见，达尔文已经注意到了性选择与自然选择既不同，也相关。性选择又称作配偶选择。以鸟类为例，雄孔雀具有非常夸张和漂亮的尾巴，雄夜莺有着美妙动听的歌喉，这些都是为了吸引异性，以达到成功击败竞争对手、赢取与异性交配机会的目的。此外，诸如雄狮的鬃毛、雄鹿的角、公野猪的肩垫和雄性鲑鱼的钩形颚等“武装”，在夺取胜利上，也与人类战争中的剑、矛和盾牌同等重要。

达尔文是颇具自我挑战精神的人，他对上述所谓生物的“第二性征”一直耿耿于怀，为什么看似对生存斗争无关紧要的特征，会在自然界如此普遍？这似乎有违他的自然选择理论。他在1860年写给好友、植物学家格雷的信中说：“孔雀尾巴上的羽毛真煞风景！每当我凝视它的时候，就感到恶心。”十多年后，他终于想通了：这些性征尽管对个体生存不是生死攸关的，但成功繁殖和传宗接代，对物种肯定是至关重要的。因此，他感到性选择像自然选择一样，属于他的重要理论贡献，故在《人类的由来与性选择》中大书特书，并且重现了他在《物种起源》里那种“小心求证”的风格。此外，他感到性选择有助于解释人类种族之间差异的形成，比如肤色等；显然，这跟人类的演化也是息息相关的。

走笔至此，不能不提到这两年非常畅销的一本科普书——《美的进化》。该书作者理查德·欧文·普鲁姆，是我以前的同事，他原本是研究鸟类鸣唱的。他在《美的进化》中所表达的观点，在他去耶鲁大学之前，就曾跟我们这里的同事有过讨论甚至争论。他强调性选择与自然选择有不同的机制，因此不能混为一谈；性选择与自然选择同等重要。诚然，瑞克（理查德·欧文·普鲁姆的昵称）的观点有值得肯定的一面，但他也在一定程度上“误引”了达尔文：达尔文从来没有认为性选择与自然选择同等重要！另外，《美的进化》的副标题称性选择是“达尔文被遗忘了的理论”，也不是实事求是的表达。恰恰相反，这方面的研究一直很活跃，就连类似的科普书，此前也有许多，比如《美的生物学》《靓者生存》等。我还记得，后一本书的作者就曾语出惊人：女性穿高跟鞋是为了突显乳房以及臀部，以示其生育力强，从而在求偶竞争中稳操胜券。但事实上，在生物界，被选择的是雄性个体，雌性个体才是性选择的主动方。

最后，值得特别指出的是，尽管瑞克的口才与笔才俱佳，《美的进化》大获好评并成为畅销书，也出了中译本，但若论举例详尽精彩、阐述全面精到、立论公允精辟，《人类的由来与性选择》不知要高出多少个级别！达尔文真的厉害无比，其经典确实魅力无穷。

上穷碧落下黄泉

历史学家傅斯年有一句治学名言：“上穷碧落下黄泉，动手动脚找东西。”在这一方面，达尔文几乎是无人能及的：无论是与他同时代的人相比，还是检视古往今来的研究者，能像达尔文那样在研究工作中穷尽资讯、透彻完善、立论严谨、论据充分，实属凤毛麟角。撇开他的四部藤壶专著以及对兰花、家鸽等的专门研究不谈，他的综合理论性著作也同样如此：《物种起源》的论证全面深透，业已令人钦佩不已；而他在《人类的由来与性选择》问世次年发表的《人类和动物的表情》，更让人叹为观止。

须知达尔文做研究基本上是单枪匹马，他不像今天的资深科研人员那样，拥有自己的团队、学生及助手。达尔文的科研活动完全是家庭作坊式的，所幸他有十来个子女，孩子们就是他的科研助手，有时候还要当他的实验对象！比如，自大儿子威廉出生起，他就开始详细记录子女们的行为举止。在写作《人类和动物的表情》时，他还曾让孩子们仰头大笑或望天兴叹，以观察和记录他们面部肌肉活动的情形。此外，达尔文也利用自己家里的宠物狗和猫作为实验动物；他还给猴子们照镜子，来观察它们看到

《人类和动物的表情》插图

镜子中的自己时所流露出来的惊奇表情。

《人类和动物的表情》是达尔文的核心研究兴趣之一，跟《人类的由来与性选择》一样，同属人类起源研究的支柱与扛鼎之作。与《物种起源》不同，在后面这两部著作中，达尔文表现出了惊人的勇气，对其演化理论的普适性，尤其是用来解释人类起源及人类道德与心智的起源和演化，达尔文表现得信心满满、底气十足。他写道："但凡承认所有动物的构造与习性皆为演化之结果，对人类与动物表情的演化，也不应该持有任何疑义。"

尽管如此，达尔文的行文依然保持其一贯的低调风格。他在书中不厌其烦地描述人与动物表达喜怒哀乐情绪的各种表情以及肢体语言，并指出人与动物之间的种种相似性，而结论则留给读者自己去下。正如美国小说家乔伊斯·卡罗尔·欧茨（Joyce Carol Oates）指出的那样，"达尔文不厌其详、波澜不惊地描述和比较人与动物的表情与肢体语言，心照不宣地淡化了人与动物之间的差异。他的潜台词分明是：我们与动物十分相似，而非截然不同。"只是在比较人类与其他灵长类成员时，他才显得较为"露骨"一些，但他从未明确表达这些相似的表情与肢体语言来自共同祖先。实际上，他也无须这么做；因为他的描述与对比是如此地令人信服，没有任何一个具备基本常识与正常逻辑思维的人，会得出相反的结论。

值得指出的是，在记述和比较人类不同种族的表情时，达尔文则充分强调，所有种族之间，存在着一套共同的表情。达尔文做出这一结论是有充分根据的，因为他在环球科考中，曾深入研究过澳大利亚、火地岛以及其他大洋岛屿上的土著人种。达尔文坚信，地球上的所有人种都起源于共同祖先，因而他们享有一套共同的表情特征，完全是顺理成章的。这与他同时代的大多数知识精英所持的观点格格不入，因为后者相信欧罗巴人种超越所有其他种族。作为演化论巨擘，达尔文对这种赤裸裸的种族主义观点是无法容忍的！事实上，达尔文一家三代，从其祖父开始，连同他父亲，都曾公开地强烈反对蓄奴制度，并主张种族平等。

此外，达尔文指出，表情与肢体语言虽然用作交流，但并非起源于为促进交流而产生的适应性；就跟鼻子可以用来支撑眼镜，但并非为佩戴眼镜而生，属同一个道理［即现在所谓的“扩展适应”（exaptation）］。达尔文还揭示了面部表情是遗传的，而不单纯是习惯所致，因而必然是经过逐步演化而来的。他还希冀通过研究表情来窥视心灵。因此，现代心理学家们认为，达尔文是心理学的开山鼻祖；其实，早在《物种起源》结尾处，他就埋下了伏笔："放眼遥远的未来，我看到了涵括更为重要的研究领域的广阔天地。心理学将会建立在新的基础上，即每一智力与智能，都必然是由逐级过渡而获得的。人类的起源及其历史，也将从中得到启迪。"如此看来，《人类和动物的表情》乃是他深思熟虑后的重磅之作。哈佛大学著名演化生物学家E. O. 威尔逊也认为，表情属于本能，因而是通过自然选择演化而来的。故此，他将达尔文尊为整个现代行为科学（包括心理学、动物行为学、社会生物学、行为生态学等）的奠基人，而把《人类和动物的表情》视为开山之作。他特别指出，由于该书的科学方法系统、细节描述逼真、心理挖掘深邃，大可作为小说家们的写作指南。事实上，莎士比亚引语在《人类和动物的表情》中俯拾皆是，就差在讨论表情的心理学方面没有专门讨论骗术了！由此可见，达尔文在维多利亚文学上的造诣也十分了得。

总之，我个人认为，《人类和动物的表情》在达尔文诸多著作中，不仅是最容易读的，而且是读来最让人兴味盎然的著作之一。此外，专家们的研究表明，该书中的绝大部分内容，至今依然站得住脚。由美国著名心理学家保罗·艾克曼（Paul Ekman）编校，2009年（即达尔文诞辰二百周年）于牛津大学出版社出版的《人类和动物的表情》，被认为是该书的最佳版本。艾克曼本人的大量研究，也证实了达尔文书中的资料和观点的正确性。而且他不无感慨地问自己：为什么一百多年前的达尔文能做出如此高水平的研究工作？他得出的答案至少包括以下三点。1.理论上高屋建瓴：以生物演化论的视角观察一切。这一点无论如何强调也不过分，一如威尔逊所言，既然自然选择是生物演化的主要动力，生物学家们在探讨所有的生物学问题时，都必须考虑生物演化的后果。2.观察细致、记录详尽：在原始资料上不会出现偏差。达尔文有句名言：错误的观点无大害，因为批评者会如获至宝，但错误的数据则贻害无穷。3.思辨缜密、立论谨严：有一分证据说一分话，处处无懈可击。达尔文向来注重慎言细思，不屑于做大而无当的推论。由此看来，这本书又完全可以成为当下青年科学家的科研方法范本。窃以为，与其去读一些不靠谱的科研指南之类的书籍，还不如阅读这类经历了时间检验的经典著作。

达尔文“无用的专注”

达尔文计划撰写的那本物种大书，由于华莱士插进来一杠子，从未完成。也正因为如此，才有了被达尔文称为“摘要”的《物种起源》。对此，我们真得由衷地感谢华莱士。就在达尔文为撰写那本物种大书而踌躇不决的当口，他的好朋友、植物学家胡克给了他一个很好的建议。胡克的意思是，作为一名生物分类学家，若想被同行们当回事儿，就必须至少对某一个生物门类无所不知，否则只会被视为“民科”，即便写出来物种大书，恐怕也没人会理睬的。

胡克所说的这一点，可以说时至今日都是站得住脚的。我记得，我们古生物界的美国同事、鼎鼎大名的史蒂芬·杰·古尔德当年入选美国科学院，最初遇到了很大的阻力，根本原因即在这里。虽然他写了很多脍炙人口的科普著作，也是哈佛大学的讲座教授，但由于只发表过为数不多的几篇腹足类化石研究论文，故没有建立起一座能“唯我独尊”的学术庙宇，因而不少同行对他的学术地位颇有微词，少数偏激的同行甚至不承认他是一位真正的古生物学者。按西方的定义，一个学者应对其专门领域的知识无所不知，而古尔德却找不到这样一个化石门类！胡适先生曾说过：“为学如筑金字塔，根基要宽顶要尖。”古尔德的学术金字塔的尖顶没有修上去，结果为那些“象牙塔”内的同行们所不屑，这也是难以避免的宿命。

达尔文明智地接受了胡克的建议，在1846—1854年间，用了整整八年的时间专心致志地研究一种很不起眼的海生甲壳类无脊椎动物——藤壶。藤壶外表看似贝壳，其实却属于甲壳亚门的蔓足下纲，与虾和蟹的亲缘关系更近。藤壶成体营固着生活，一般固着在岩石上或船的底部，不能自由移动。它们都是雌雄同体，一般一次只能选择一种性别，自体受精的情形很少，绝大多数都是异体受精。那么，一个极为有趣的挑战，就是它们如何交配和繁殖了。当成体充当雄性角色时，因为身体无法移动，如果进行异体受精，那就是眼看着不远处的雌性个体，也是鞭长莫及，只好望“偶”兴叹了……怎么办？怎么办？正是这一点引起了达尔文极大的兴趣。后来他发现有的藤壶物种雄性生殖器竟长达身体的8倍！这种超长的交接器，如果不是性选择与适应的结果，又能做何解释呢？

然而，达尔文在藤壶专著中却异常谨慎。他只做传统生物分类学家的“本分”工作，在家里弄了两台显微镜，一台做解剖用，另一台用作观察、描述及画图。发表出来的四卷藤壶专著，基本上都是单调的形态描述以及种属分类，没有关于物种可变性、自然选择和适应方面的微言大义。整整八年，他平均每天至少在藤壶上花三个小时的时间。以至于他的儿子误以为普天下的父亲，都跟自己爸爸一样在研究藤壶。有一次，他好奇地问自己的小伙伴：“你爸爸在哪里研究藤壶呀？”

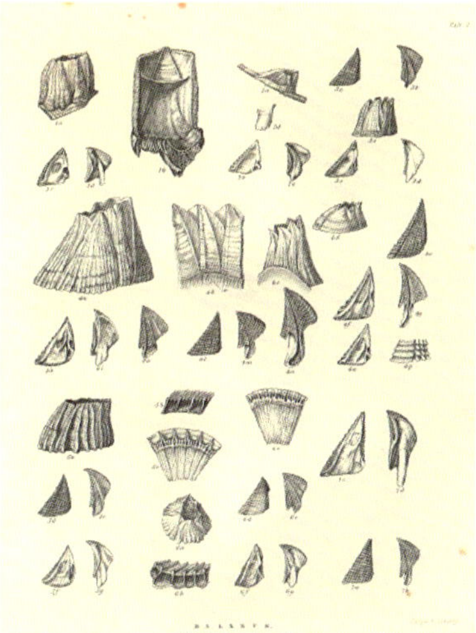
达尔文研究的藤壶

而这“八年抗战”，都始于达尔文在“小猎犬号”科考时，从南美海岸采集带回来的一件特殊标本而已。由于达尔文“无用的专注”以及他“上穷碧落下黄泉，动手动脚找东西”的锲而不舍精神，通过与世界各地的博物学家交换标本，他收集了当时所有能收集到的现生与化石标本。他研究过的藤壶标本有1万件以上！他最后完成的关于蔓足亚纲的四卷专著，与他的南美地质学研究一起，获得了英国皇家学会金奖，这是当时学术界的最高荣誉。他的藤壶研究至今仍然是该领域最重要的经典著作。当然，更为重要的是，达尔文通过藤壶研究，认识到了物种之间的相互联系、物种的可变性、自然选择与生物适应性等理论的意义。他在《物种起源》中，以藤壶为例的引述，出现在三章里面。这便是他此项工作意义的佐证。

有趣的是，“始作俑者”胡克后来不堪其扰，真希望他当年没给达尔文出了这么个“馊主意”。胡克当时正在印度采集植物标本，忙得焦头烂额，却隔三岔五地接到达尔文的信件，跟他絮絮叨叨讲述他的藤壶研究，实实在在地把胡克给烦死了。我完全能理解这一点，记得我最初读古尔德的文章时，对他老用棒球中的典故，很不感冒。他自己是棒球迷，便以为天下人都是棒球迷。这给不熟悉棒球的读者和译者，带来了多大的麻烦啊……将自己的喜好强加给他人，自以为“乐善好施”的蠢事，我过去也一直在做，比如自己喜欢的书和古典音乐CD，我常常送给朋友们，根本不知道人家究竟喜欢不喜欢。

其实，经过八年的苦战，达尔文自己也有点儿烦了。他从最初的“我可爱的藤壶”到最后吐槽“我恨死藤壶啦！”因为这八年间，他经历了太多的苦难，病痛的折磨、亲人的故去，使他原本颇为枯燥的生活雪上加霜。无论如何，他坚持完成了这项旷世奇绝的研究工作，把他对学术研究的执着与专注，展露无遗。写到这里，我突然想起，梁任公曾在患病住院期间，迷上了用诗词集句对联的文字游戏，他后来还写了一篇文章《痛苦中的小玩意儿》。达尔文在八年的煎熬中研究藤壶，是不是也是他的一种“痛苦中的小玩意儿”？为此，我把梁任公《痛苦中的小玩意儿》一文中所引用的彭雪琴游泰山集句联，献给我的偶像达翁，以盛赞他不辞万难、“会当凌绝顶”的“无用的专注”，也献给所有为科学事业，像达尔文那样，不辞劳苦、辛勤耕耘的同事们：

我本楚狂人，五岳寻山不辞远。

地犹鄹氏邑，万方多难此登临。

达尔文的“天鹅之歌”

《蚯蚓活动带来腐殖土的形成以及蚯蚓行为之观察》（简称《腐殖土与蚯蚓》，1881年）是达尔文生前出版的最后一本书。次年，达尔文因心脏功能衰竭在家里离世，故该书也成了他的“天鹅之歌”。

尽管该书的书名跟他其他著作的名称同样冗长，但比起他的许多大部头艰深巨著来说，这是一本可以让人轻松愉快、一口气读下来的“小书”。按照时下的流行说法，这是一本名副其实的“大家小书”。

达尔文在《腐殖土与蚯蚓》的引言中开宗明义地写道：“‘法不责小过’这一金律并不适用于科学。”他深知，科学研究对象没有大小轻重之分。事实上，他一生中研究过无数很不起眼的小动物：蜜蜂筑巢、蚂蚁搬家、甲虫分类。他曾花了八年时间潜心研究藤壶，而他对蚯蚓的兴趣，从他环球科考归来到临终的前一年，长达四十四载。显然，在他眼里，生物界“无数最美丽与最奇异的类型”中，不存在无足轻重的研究对象。尽管通过自然选择的生物演化论是他诠释生命演化精彩大戏的核心内容，达尔文对上述这些“跑龙套”的小角色，却一点儿也不“小瞧”。无独有偶，胡适先生也说过，做学问没有高低贵贱之分，训诂一个字，跟发现一颗行星同样有意义。

有意思的是，蚯蚓最早引起达尔文的注意，还得归功于他舅舅（也是他未来的岳父）。达尔文小时候经常到舅舅家去玩；有一次，他舅舅告诉他一件有趣的事：多年前散落在舅舅家草坪上的各种碎屑和小玩意儿，后来在草坪下几英寸深的土壤里发现了。他舅舅怀疑这是蚯蚓们干的。此外，草坪上经常会出现很多蚯蚓的粪便，有碍观瞻。这件事当初就激起了达尔文的好奇心，但由于种种原

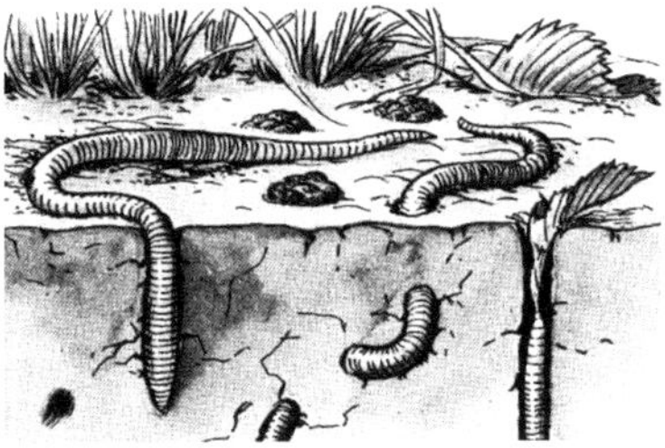

因，直到他环球考察归来，才开始琢磨这档子事。1837年，他在伦敦地质学会宣读了有关珊瑚礁成因的论文，半年

后又宣读了有关蚯蚓改造土壤的论文。他的同事们当时对其蚯蚓论文的反应比较冷淡，盖因他们更想听达尔文报告环球科考的重大发现。所幸著名地质古生物学家、伦敦地质学会前主席巴克兰教授高度评价了达尔文的蚯蚓论文，称其为“解释地表普遍而重要现象的新的重要理论”，赞扬达尔文实际上发现了“改造地貌的一种新力量”。因此，达尔文的这篇报告，得以在次年的《伦敦地质学会会志》上正式发表，成为达尔文早期的科学论文之一。

时隔四十多年，达尔文的身体状况江河日下；但“烈士暮年，壮心不已”，他依然深爱着研究工作，深爱着大自然和博物学。由于他从来不需要从事谋生的工作，因而他从来也没想到需要过上悠闲的退休生活。不过，像大多数芸芸众生期望老之将至，落叶归根，达尔文此时也无心意在云天了，而是要贴近大地——毕竟那里才是我们的最终归宿。正如他向好友胡克先生抱怨的那样：我所剩时日已不多，“党豪斯”的墓地现在于我而言，便是地球上最甜蜜的地方了。因而，他开始把科研注意力转向身边的家园、转向脚下的热土。他决计重新审视年轻时研究过，而且终生未能忘情的“老朋友”——蚯蚓，进一步详细研究它们的生理与习性以及它们活动的地质学意义。到了最后的日子里，他实在无力亲自到院子里“工作”了，只好请爱子佛朗克帮他一些忙。达尔文在科研活动上，真正做到了鞠躬尽瘁，死而后已。

值得指出的是，与他此前的许多其他著作相比，《腐殖土与蚯蚓》一书的行文轻松诙谐易读，是他所有书中最为畅销的著作之一；尽管在出版之前，他曾心有疑虑：这种小众书会有多少人感兴趣呢？达尔文的行事风格是，对做任何一件事都要事先经过深思熟虑；连自己是否要结婚这种事儿，他都曾列出单子来，以权衡利弊。在是否写作这本书的考量上，他最后得出的结论是：我自己感兴趣！可是，后来的事实表明：这是一本大受欢迎的书，不仅在问世后几年之内连续加印数次，而且为达尔文“圈粉”无数。他的很多读者“粉丝”纷纷写信给他，讲述自己的蚯蚓故事：他们的观察、想法，包括一些“十分可笑”乃至于“白痴般”的问题，令达尔文读后乐不可支。

此外，《腐殖土与蚯蚓》受到了书评界的一致好评。该书是1881年10月出版的，其后两个月间，英美众多媒体纷纷刊发书评。比如，《伦敦科学院》刊载书评称：“达尔文先生这一重磅力作内容丰富，充分彰显了他的过人天赋。这是出自他笔下的又一经典……其魅力之一是极为通俗易懂……该书实属雅俗共赏之作，每一页都趣味无穷。”《星期日书评》则称：“达尔文先生这本关于蚯蚓习性和本能的小书，一如他以前的皇皇巨著，观察独到，对事实的解释令人信服，得出的结论无懈可击……所有博物学爱好者们都应该感谢达尔文先生的贡献，他使我们对被长期忽略的蚯蚓的结构与功能，获得了十分有益且非常有趣的新知。”连《纽约画报》都刊载了这本书的书评，赞扬“作者的细微观察揭示了微小蚯蚓的集体力量足以改变宏伟的地球外貌，令人读后耳目一新、心悦诚服”。类似的不吝赞美之辞还见于当时的更多主流媒体，包括《布鲁克林时报》《纽约世界》《波士顿导报》等。还有书评人特别指出，这本书读来完全不像是高冷、深奥的科学著作，而像是一本娓娓道来的言情小说。此后，报刊上许多关于达尔文的卡通画，都离不开蚯蚓缠绕其身，该书的流行程度由此可见一斑。更有意思的是，该书意想不到地畅销，令他的出版商欣喜不已；距该书出版还不到一个月的1881年11月5日，出版社的一位秘书致信达尔文，兴奋地写道：“我们已经卖了3500条蚯蚓！”（指业已销售了3500册书。）

读这本小书最令我感到愉悦之处，在于字里行间所展示的贯穿于作者一生的见微知著的洞察力，以及他对细枝末节不厌其详的生动描述：

> 蚯蚓在吞土之后，无论是为了钻洞还是取食，不久便会冒出地面排泄。排出来的土与肠内分泌物充分混杂，因而呈黏稠状。干燥后即慢慢变硬。我观察过蚯蚓排泄土的情景：当土呈液状时，排泄时是一小股一小股地喷射出来的；当土不那么稀的时候，是缓慢蠕动般排出的。排泄也不是无序的，而是有规律的，先排在身体一侧，然后在另一侧；尾部几乎当作镘用。当排出的土堆成一小堆时，为安全起见，蚯蚓明显地收缩尾部；土状排泄物堆积在先前排出的稀软的排泄物之上。在相当长的时段内，同一个洞口用于同一目的。

初读之时，你也许会觉得达尔文絮絮叨叨；但一路读下来，你会慢慢地感到他对蚯蚓钟情到了十分可爱的地步，及至掩卷沉思，忽然发现他老人家在不温不火的文字下面，深藏着诸多微言大义！毕竟这是他的临终之作，吐出了他一生的胸中块垒，凝聚了他的深刻感悟与睿智——

这是一本十分有趣、值得反复阅读的书。

首先，作者在本书中有个没有道明的“隐义”，即彰显“均变论”的“放之四海而皆准，传至千秋也是真”。自从登上“小猎犬号”战舰、开始阅读菲茨罗伊舰长赠送他的莱尔《地质学原理》（第一卷）之时，他就对“均变论”深信不疑：眼前观察到的涓涓细流般的微小变化，经过长期积累，便能引起天翻地覆的巨变。以至于他将其运用到自己的生物演化论之中：

> 自然选择每日每刻都在满世界地寻找着哪怕是最轻微的每一个变异，清除坏的，保存并积累好的；随时随地，一旦有机会，便默默地、不为察觉地工作着，改进着每一种生物跟周围环境之间的关系。我们看不出这些处于进展中的缓慢变化，直到时间之手标示出悠久年代的流逝。然而，我们对于久远的地质时代所知甚少，我们所能看到的，只不过是现在的生物类型不同于先前的类型而已。

事实上，在回答费舍先生针对他所说的蚯蚓对于腐殖土形成所起作用提出的质疑时，达尔文曾在文章中写道：

此处我们再次看到人们对连续渐变的积累的成效视而不见；一如当年地质学领域所出现的情形，以及新近对生物演化论原理的质疑。

显而易见，达尔文的理论跟莱尔的“均变论”一样，都建立在无数微小变化经过无限长时间积累而产生的从量变到质变的基础之上。在《腐殖土与蚯蚓》一书中，达尔文再次用细致入微的观察和生动流畅的笔触，向读者展示：不计其数的微不足道的蚯蚓，在我们的脚下，整日整夜默默无闻地“耕耘”，历经千百万年，改造了土壤、改变了地貌，甚至掩埋了废墟、保存了文物。了解这些之后，谁还能忽视蚯蚓“蚂蚁搬山”般的伟大力量呢？

其次，重读《腐殖土与蚯蚓》，令我再次惊叹达尔文不仅是卓越的观察者，而且是极为有趣的实验者（他曾自嘲地称自己设计的实验为“傻瓜的实验”）。他在书中描述了几个令人捧腹的例子：他让儿子对着花盆里的一窝蚯蚓吹巴松管，以检验它们的听力；还让早年在巴黎跟肖邦学过钢琴的妻子艾玛弹钢琴给蚯蚓听，看它们是否会有什么反应……他甚至于喂蚯蚓各种各样的食物，最后发现它们最喜欢吃生的胡萝卜。

此外，他用剪成三角形的小纸片（代替落叶）以及折断后又重新用胶水粘起来的松针，来考察蚯蚓搬运它们入洞的方式，并试图以此检验蚯蚓是否具有判断力和智力。尽管他有关蚯蚓所选择的特定搬运方式是出自智力而非本能的结论，至今仍存争议，但是他的创新精神依然备受推崇。其实，书中引起争议的这一部分，也正是最受大众读者欢迎的部分，即达尔文认为蚯蚓具有一定的判断力和智力水平。达尔文观察到，蚯蚓会搬运一些落叶、松针或小树枝片段堵住它们的洞口，洞是圆柱形的，他认为如若是聪明的人类去拖树叶的话，一定会选择抓住狭窄的一端拖进圆形洞口，但倘若拖曳细棒状的松针、小树枝等，一定会选择抓住比较粗重的一端拖进圆形洞口。而蚯蚓恰恰是这样干的！因此，他推论：当蚯蚓在它们的洞口附近，“选择”落叶、松针或小树枝片段时，并“决定”用上述搬运方式将其拖入洞口时，一定是经过了“判断”“试验”才做出的“决定”——这是实实在在的“决定”，而不是源于“偶然机缘”或“简单、盲目的冲动”。对当时的读者来说，这无疑是一种闻所未闻的“启示”：如此低等的动物，竟然这般聪明！一般认为，这也是《腐殖土与蚯蚓》之所以顷刻畅销的“成也萧何”之处。

至于引起争议的“败也萧何”之处，是因为后来的研究者指出，达尔文的推论可能夸大了蚯蚓的智力水平。因为蚯蚓在解剖形态上，还没有脑部，故不可能有如此复杂的思维能力。有的演化心理学家则认为，我们不应该从“人类中心论”的视角去理解达尔文所说的“智力”，智力演化也是有起点的。在纪念达尔文诞辰二百周年时，一个由德国与英国科学家组成的研究团队重新研究了这一课题，他们将蚯蚓与同属环节动物的表亲蚂蟥做比较研究，他们发现，蚂蟥属于进攻性的猎食（吸血）者，比蚯蚓有更为发达的感觉器官以及由神经节集合而成、发育良好的脑部。即令如此，也不应该说蚂蟥具有智力，其行为还是以本能为主；更遑论蚯蚓了。看来争论双方都有一定的道理，可能关键在于如何理解和定义“智力”一词。总之，尽管这一争论尚未解决，这至少从一个方面显示了达尔文研究的重要性。一百二十多年后，他的蚯蚓研究还激发科学家们沿着他的足迹，继续探索研究这一课题，努力去证实或证伪他的结论。这在科研领域是何等的了不起啊！

值得强调的是，上述研究者们证实了这一事实：无论你是否同意他的结论，达尔文蚯蚓研究中的观察和实验，经过了无数次的检验，被证明是非常准确、无可挑剔的。这正是达尔文作为一名杰出科学家非常了不起的地方。他曾经说过，错误的结论一般是无害的，因为后来者将会满腔热情地去批评你、纠正你，而错误的观察和数据才是贻害无穷的，因为它会把你以及后来者引入歧途。我曾在自己的博士论文中引用过这句话，后来它成了我科研生涯的座右铭。

正因为如此，达尔文的蚯蚓研究，如同他的所有研究一样，不仅使他成为这一领域的鼻祖，而且其研究成果经受住了漫长时间的考验。一百多年后，为了配合达尔文故居“申遗”项目，英国某大学派出了一个研究团队，用新的手段重新研究了“党豪斯”周围的蚯蚓，其研究结果验证了达尔文当年的研究是极为扎实可靠的。同时，达尔文的研究还进一步启发了这一团队对当地蚯蚓的分类学和行为生态学的研究。除此而外，达尔文一直被现代土壤学家们尊为研究“土壤中生物扰动作用”（soil bioturbation）的先驱。土壤学家们公认，《腐殖土与蚯蚓》是土壤生物学与土壤生态学中里程碑式的开山之作，对于我们理解腐殖土的成因及其土壤生态意义贡献巨大。

最后，我想指出，《腐殖土与蚯蚓》结尾一段话，与

《物种起源》结尾一段话相映成趣，同样诗意的语言显露了达尔文极高的文学造诣。这在他的著作中，是并不常见的。达尔文这样写，分明是在试图提请读者们回顾他在《物种起源》最后一段所提及的：

> 凝视纷繁的河岸，覆盖着形形色色茂盛的植物，灌木枝头鸟儿鸣啭，各种昆虫飞来飞去，蚯蚓爬过湿润的土地；复又沉思：这些精心营造的类型，彼此之间是多么地不同，而又以如此复杂的方式相互依存，却全都出自作用于我们周围的一些法则，这真是饶有趣味。

显然，在如此众多精心营造的类型中，蚯蚓无疑貌似最不起眼的卑微者。但达尔文一向认为，“卑微”是“伟大”的基础。在一次与几位无神论者（其中包括即将成为马克思女婿的爱德华·埃夫林）聚会的晚宴上，有人曾问他：您为什么会对蚯蚓这样“卑微”的动物产生如此大的兴趣？达尔文不假思索地答道：我已经研究它们的习性长达四十年了，我们之间是一见钟情的“爱情”。无怪乎，达尔文在《腐殖土与蚯蚓》的结尾，曾用如此美妙的文字来深情地礼赞它们：

> 当我们眺望广袤的草原时，我们应该牢记，眼前的美景，主要应归功于蚯蚓缓慢地削平了大地的沟壑。想象一下，如此广阔的腐殖土层，每隔几年就通过了并仍将继续通过蚯蚓体内一次，这是何等地难以思议啊。耕耘一直被认为是人类最古老、最有用的发明之一，孰知远在人类出现之前，蚯蚓就已经在大地上辛勤“耕耘”许久了，而且还将持续耕耘下去。我很怀疑，还能有几种像蚯蚓这样的“低等”动物，在世界史上竟扮演了如此重要的角色。当然，还有更低等的动物（即珊瑚虫），在大洋之中建筑起无数的珊瑚礁和岛屿，完成了更加引人瞩目的工程，不过这些几乎都局限在热带地区。

是啊，身份卑微，却有如此翻天覆地的力量，世界上只有热带海域中的珊瑚虫可与蚯蚓比美了。而珊瑚虫造礁、建岛的“功业”，正是达尔文早期的重要地质学研究成果之一。因此，达尔文对“低端”生物的礼赞，是从头到尾贯穿其一生的。在当今崇尚精英、追捧明星的时尚下，难道我们不应该从阅读《腐殖土与蚯蚓》中引起反思吗？在我们飞速发展的现代城市美丽风景后面，隐没了多少像蚯蚓一般辛勤劳作、默默奉献的劳动者啊……

6

达尔文杂谈

马克思与达尔文的交往

19世纪是人类思想史上非常重要的时期，出现了三部重要的著作：马克思的《资本论》、达尔文的《物种起源》、弗洛伊德的《梦的解析》。马克思（1818—1883年）与达尔文（1809—1882年）基本上属于同龄人，达尔文长马克思九岁，比后者早逝一年。诚如柯尔普所指出："在他们二位成年期的大部分时间里，从不同的意义上说，他们也许堪称是19世纪最具革命性的、不朽的思想家；二位都居住在英国，相距不足20英里。他们却从未谋面。然而，通过直接和间接的方式，马克思和达尔文之间互有所闻。二位之间的关系史，长久以来众说纷纭且偏颇不全。"（Colp，R. Jr.，1974，p.329）不久前拙译《物种起源》问世，我在各处做过一些讲座，有人曾提出过这方面的问题，给了我深入探讨这一问题的动力，现将我的研究在此做一简短小结，以飨读者。

1883年，恩格斯在马克思陵前致悼词时说，马克思的巨大贡献包括两大发现：一是，一如达尔文发现了有机自然界的演化规律，马克思发现了人类历史的发展规律；二是，马克思发现了剩余价值理论。尽管恩格斯在此是赞颂马克思的，但他对达尔文的评价之高，也是显而易见的。也许部分地出自这一原因，长期以来人们一直认为，由于达尔文的生存斗争和自然选择理论似乎支持了马克思的阶级斗争学说，因此，马克思是达尔文的“拥趸”。尤其广为流传的是，马克思曾在1873年春将出版不久的《资本论》第二版寄赠达尔文，并在扉页上写下了对达尔文极尽仰慕之情的赠言。但事实可能比其表象更为错综复杂一些。

始爱终嫌，明扬暗抑

《物种起源》在1859年11月24日面世后不久，恩格斯很快就将这一消息知会了马克思。不过，直到一年后的1860年12月，马克思才开始阅读《物种起源》。他最初的反应是异常兴奋的，他于1860年12月19日致信恩格斯说：“尽管该书写得有点儿英国式的粗糙，但它包含了支持我们的观点的自然历史基础。”有意思的是，马克思一年半后重读《物种起源》时，不再有当初的如此好感，他开始抱怨达尔文把自然选择视为当时英国社会的写照。他于1862年6月18日致信恩格斯说：“值得注意的是，达尔文如何在动植物中重新发现了英国社会的劳动分工、竞争、开拓新市场、‘探险发现’，以及马尔萨斯的‘生存斗争’。”显然，马克思对达尔文从他的宿敌马尔萨斯那里得来生存斗争的灵感耿耿于怀，而如果把他的抱怨与其后兴起的社会达尔文主义联系起来看的话，我们不能不承认马克思确有先见之明。

其实，马克思对《物种起源》这种时隔一年半判若两重天的态度，也并不难解释。《物种起源》没变，变了的是马克思的心情和视角。他视《物种起源》如同资产阶级，一如资产阶级曾在特定的历史时期代表着进步的力量，《物种起源》跟先前的科学理论比起来是一大进步，但也包含了马克思认为是重大缺陷的一些东西。比如说，他十分不满达尔文在书中用马尔萨斯的“资产阶级政治经济学原理”作为其自然选择理论的基础。马克思是极为反对把自然规律运用到人类社会的，但同时又支持在他的阶级斗争学说与达尔文学说间寻求一种平行（parallelism；前文提到的恩格斯在悼词中对马克思与达尔文贡献的类比，也是这个意思）。在不久以后社会达尔文主义成为滥觞，而达尔文又一直保持着暧昧的沉默时，我们便更容易理解马克思对达尔文“爱恨交织”的矛盾心情了。

因此，马克思既不是达尔文毫无保留的支持和仰慕者，也不是对达尔文充满敌意的批评者，他对达尔文既有惺惺相惜的一面，也有“恨铁不成钢”的一面，他希望达尔文的想法更接近他的想法——当然，这既是一厢情愿，也是不可能如愿的。正因为如此，在公开发表的言论中，马克思对达尔文均赞赏有加，而他对达尔文的批评皆藏于私人通信和未发表的文稿中。当然，这些私人通信和手稿在马克思身后得以出版，才使我们有了今天的“后”见之明。

两处赞赏，一样误读

长期以来马克思一直被认为是达尔文的拥趸，这至少源自马克思在两处对达尔文的赞赏，但即便在这两处，也存在着同样的误读（或是立论者想当然的解读），而与实情可能相去甚远。

其一是，1867年9月《资本论》第一卷第一版问世，书中在讨论现代专门化工具的发展时，阐述了工具的专门化是为了适应日益分明的劳动的细微分工所需的特定功能，马克思在脚注里写道：“达尔文在其划时代的《物种起源》一书中论及动植物的自然器官时指出，‘只要同一器官不得不从事多种多样的工作，我们也许即能理解，它们为何容易变异，也就是说，为何自然选择对于这种器官形态上的每一微小的偏差，无论是保存或是排斥，都不像对于专营特定功能的器官那样严格。这好似一把要切割各种东西的刀子，可能几乎具有任何形状；而专为某一特殊目的的工具，最好还是具有某一特殊的形状’。”（此处的达尔文引语见译林2013年版《物种起源》第119页）马克思在此称《物种起源》是“划时代的”，当然说明对其评价很高，我想这也是真诚的，但不能就此认定马克思一定对达尔文有多么崇拜。这就像敝人并不信教，但我依然认为《圣经》是属于改变世界的少数几本不朽经典之一。

其二是，1873年春夏之交，马克思做了一件不大不小但颇为耐人寻味的事，他把新近出版的《资本论》第一卷第二版寄给了达尔文一本，并在扉页上题签："达尔文先生：您的诚实的仰慕者，卡尔·马克思，伦敦，1873年6月16日。"三个半月后的10月1日，达尔文给马克思回了一封信，信中写道："阁下馈赠《资本论》大作，令我不胜荣幸；并真诚希望敝人能对政治经济学有更深的理解，以不负您的馈赠。尽管我们研究的领域如此不同，敝人相信我等皆渴望知识的延展，并确信长此以往必定会对人类福祉有所贡献。"这是典型的英国绅士的做派，彬彬有礼却又拒人于千里之外！名义上表示感谢，潜台词是：无心对话，敬而远之。

我的解读是，1873年达尔文在英国的名声如日中天，马克思给他寄书，未必是对达尔文有多么深的仰慕，作为定居在伦敦的一个德裔犹太人"政治难民"，他恐怕更想在英国上层知识阶层中传播自己的思想，达尔文无疑是他试图接近的人之一（马克思还曾经聆听过赫胥黎有关进化论的系列演讲）。因为《资本论》出版之后，在英国几乎无人注意，风乍起，却未吹皱一池死水，马克思也于心不甘。

实际上，达尔文表现的不只是英国绅士的矜持，还多少有一种居高临下的势态。我在研究达尔文的过程中发现，他的这种表现是一贯的。他以病魔缠身为由，闭门谢客，但他对诸如赫胥黎、莱尔、胡克等学界上流人物，却永远敞开大门、热烈欢迎，因此达府向来是谈笑有鸿儒、往来无庶民。他对华莱士的态度也是如此，他曾经帮助贫困中的华莱士谋得政府补贴，但从来不会邀请华莱士到家中做客。他在《物种起源》中引述的那些育种者，也都是地方上有头有脸的乡绅，而不是名不见经传的育种员和乡民。当然，他跟马克思之间，除了社会地位悬殊之外，还多了一层“道不同，不相为谋”的藩篱。

至于一度曾误传马克思欲把《资本论》献给达尔文，却遭到了后者的拒绝，则纯属以讹传讹。这一误解起因于对一封致达尔文的信的错误鉴定，起先认为该信是来自马克思的。其实，这封信是来自马克思的女婿、政治哲学家爱德华·埃夫林（Edward Aveling），他对达尔文的非宗教的观点极为推崇，因此询问能否将自己的一本书献给达尔文。由于达尔文不想公开地与一个无神论者牵扯在一起，便回信婉拒了他的请求。

总之，马克思向达尔文赠书以及达尔文简短的礼节性回复，是这两位伟大思想家唯一的一次交往。不知何故，

走笔至此，我突然想起徐志摩的一句诗，拿来权作结尾吧："你我相逢在黑夜的海上，/你有你的，我有我的，方向。"（《偶然》）

达尔文不背种族主义的锅

西谚说，“偏见节省时间”。我的导师曾跟我讲过一件有关偏见的逸事：他读博时，系里有两位大牌教授，一位是北美哺乳动物学鼻祖霍尔，另一位是两栖爬行动物学大师泰勒，但两人互不服气，成见很深。一次，我老师到泰勒办公室去借书，泰勒在身后书架上扫了一眼说，怪了，前两天我还看见它在这里，怎么不在了？——肯定被那老王八蛋霍尔偷走了！话音刚落，我老师在旁边的一个书架上找到了那本书，泰勒摇了摇他那硕大的脑袋，不假思索、一本正经地说，肯定是老贼霍尔又偷偷地还回来了——还放错了地方！

与此相似的是，一百多年来，每当世界上遭遇战争、大屠杀、种族清洗或各种政治风潮乃至流行瘟疫，总会有人拿达尔文说事；尤其对神创论者以及保守派来说，达尔文似乎是现成的、可以信手牵来的一只“替罪羊”。不久前，当英国首相约翰逊提到“群体免疫”时，有人立即指出这是英国社会根深蒂固的“社会达尔文主义”在作祟。最近，明尼苏达黑人弗洛伊德之死引发了美国乃至世界范围内的大规模街头抗议活动，又有人说，达尔文自然选择学说纯粹是为种族主义张目的。姑且不谈这些人恐怕压根儿就没有读过达尔文的著作，他们可能对达尔文发表过的“政治不正确”言论也一无所知。否则，真不知道他们该如何大张旗鼓地抹黑他呢。

受到他所处时代政治文化观念的限制，达尔文确曾流露过白种人在文化上优于黑人和土著人种的“偏见”。在达尔文浩瀚的著述以及私人通信中，能够被抓住“小辫子”的此类武断言论，也仅此而已。任何将社会达尔文主义和种族主义的脏水往达尔文身上泼的人，都是罔顾事实——达尔文不背这口黑锅！事实上，达尔文对同时代博物学家（比如哈佛大学比较动物学博物馆奠基人阿格塞等）的种族主义“科学”曾深恶痛绝，极力批评鞭挞。比如，阿格塞提出，世界上的各类人种分属八个不同的物种，而非洲人属于低劣人种；因此，他们是不应该享受平等的人权的。达尔文曾严厉地批判阿格塞的这一伪科学结论。不特此也，达尔文全家都反对蓄奴制，他以及他的父亲、祖父是强烈反对贩卖和使用黑奴的“三代忠良”；他外祖父韦奇伍德一家，更是英国废除奴隶制运动中的活跃人物。因此，指责达尔文是种族主义者，就像说肯尼迪总统是种族主义者一样荒唐可笑。

2009年纪念达尔文诞辰二百周年暨《物种起源》出版一百五十周年之际，著名的《达尔文传》共同作者阿德里安·戴斯蒙德与詹姆斯·莫尔推出新作《达尔文的神圣事业：种族、奴隶制及对人类起源的探索》（*Darwin's Sacred Cause: Race, Slavery and the Quest for Human Origins*）。当时曾引起不小的轰动，许多著名报刊都曾刊登过该书的书评，用“好评如潮”来形容，一点儿也不过分。当然，该书之所以引起轰动，并不只是缘于作者的声望，而在于书中提出的不同寻常的、令人耳目一新的论点：达尔文提出自然选择学说与生物演化论的原动力是探索人类的起源与演化，进而证明不同人种来自共同祖先因而生来平等。

在近400页的长篇大论中，戴斯蒙德与莫尔试图阐明，达尔文研究自然选择学说与生物演化论，并非单纯出于对科学真理自身的探求，而是来自他对蓄奴制和种族主义的极端厌恶和憎恨，是想通过这一理论证明：万物共祖，世界上所有的人种都来自同一祖先，因而他们之间血肉相连。换言之，戴斯蒙德与莫尔坚持认为，达尔文之所以提出自然选择学说与生物演化论，是为了证明蓄奴制和种族主义是错误的，是反科学的，是一种道德犯罪。

作者在书中详尽地描述了达尔文的出身背景与成长经历，说明达尔文自小就尊重生命、敬畏自然、充满同情心与同理心、反对残忍。比如，他在挖蚯蚓做钓鱼的诱饵时，小心翼翼地不弄伤蚯蚓；把蚯蚓穿在鱼钩上之前，先将其置于盐水里浸泡，使蚯蚓免受被鱼钩穿刺的痛苦。他后来随“小猎犬号”环球考察，途中在南美与佛德岛等地与黑人和土著人种有过较多接触。他在日记中写道，当你跟黑人接触时，你不可能不对他们产生好感……从他的日记中还可以看出，当他在阿根廷看到一个女黑奴被鞭打时，他心中无比愤怒却束手无策；当他看到一老妪所收藏的用来挤压有反抗行为的黑奴手指的器具时，他顿时怒火中烧。在巴西，他曾听到屋外远处传来的奴隶被殴打折磨的惨叫声，以至于自此以后，无论他在哪里听到远处的惨叫声，都会想起在巴西遭遇的那一幕。

除了戴斯蒙德与莫尔在书中列举的各种事例之外，在《小猎犬号航海记》中，达尔文也记录了殖民者屠杀印第安人的场景以及他笔下流露的愤怒之情。正如译者陈红博士在“中译者序”中称赞达尔文文风时写道的：“这样的文字风格有一种难以言传的随意和自由。偶尔的例外是达尔文对奴隶制度的深恶痛绝，他对此的表达非常直接强烈，表现出一种正义凛然的胸怀。”

因此，《达尔文的神圣事业：种族、奴隶制及对人类起源的探索》一书所记载的案例，与以往的文献记载是相辅相成、一以贯之的；加之作者的观点新奇，故该书一问世，就引起巨大反响。有书评人指出，该书给读者带来了达尔文的新形象：他不仅是优秀的科学家，还是高尚的道德家。正像戴斯蒙德与莫尔所指出的，以前没人想到过，达尔文对人类起源的探索竟是他痛恨奴隶制的道德怒火所驱动的。

尽管达尔文在《物种起源》里几乎矢口未提人类的起源与演化，只是在文末“犹抱琵琶半遮面”地写道，“人类的起源及其历史，也将从中得到启迪”。然而，当读者读到下面这句话时，一切都在不言而喻之中：“当我把所有的生物不看作是特别的创造产物，而是远在志留系第一层沉积下来之前就业已生存的少数几种生物的直系后代时，我觉得它们反而变得高贵了。”

难怪一位牧师的太太在读完《物种起源》后，惊慌失措地对她先生说，天哪！让我们希望达尔文先生所说的不是真的。倘若是真的的话，让我们希望不要让人人都知道这是真的……

不过，我不得不说，尽管戴斯蒙德与莫尔的这本书曾让我收获了阅读的愉悦，但他们的主要论点并没有令我信服。窃以为，他们的材料虽丰富，语言也生动，但结论颇为牵强，本人不敢苟同。首先，倘若达尔文试图用共同祖先理论来反对蓄奴制和种族主义的话，那么，在当时的历史条件下，用所有人种都是亚当与夏娃的子孙、大家都是上帝之子的“一元论”来解释，岂不是更容易让人接受吗？为什么要绕那么大一个圈子，把地球上所有的动植物都牵扯进来？其次，倘若试图用物种可变论以及万物共祖理论来批判种族主义的话，那么，世界上各个人种的共同祖先究竟要追溯到多久以前？在达尔文的时代，既没有任何古人类化石的记录，也没有检测人类基因组的分子生物学手段，如何回答这一问题？是一万年前、十万年前，还是一百万年前？显然，狂热的种族主义者肯定认为把人类的共同祖先推到越久远的过去越好（确曾有人提出至少可追溯到数百万年前），而反对奴隶制的人肯定希望越近越好。既然达尔文当时没有任何证据和手段回答这一问题，生物演化论对其反种族主义的立场显然毫无助益，而且只会添乱；聪明如达尔文，为什么要把自己引入这个走不出去的逻辑死胡同？再次，倘若种族问题是达尔文提出生物演化论的原动力的话，为什么他在提及像澳大利亚土著一类的“未开化”部落将“不可避免地”灭绝时，竟只是毫无感情地就事论事？他甚至在笔下流露过，这些未开化的土著“野蛮人”在文化、道德、智力诸方面均不如白种人。

总之，虽然本书作者所罗列的大量证据表明达尔文及其家族对蓄奴制和种族主义一向深恶痛绝，而达尔文的生物演化论在逻辑延伸上是反蓄奴制和种族主义的；然而，作者完全未能令人信服地阐明达尔文的立场与其理论之间存在着必然的因果关系。因此，作者的结论充其量只是一个“大胆假设”而已，尚未经过严格的“小心求证”。此外，作者的结论也无法解释达尔文为什么把自己的理论“雪藏”了多年之后才发表，而发表后并未产生达尔文所预期的“惨遭迫害”的可怕后果。恰恰相反，达尔文学说较快地被大多数人所接受，这是达尔文本人也始料未及的。科学史家们一般认为，事实上，社会达尔文主义者以及英帝国在全球的殖民扩张，确曾在某种程度上“绑架”了达尔文理论，也使它的传播在当时遭遇的阻力相对较小。其实，马克思从一开始就发现了自然选择学说与疯狂竞争的资本市场驱动力之间的显著联系。当然这些并非达尔文的初衷，也远不是他本人所能够左右的。

相形之下，本书作者的结论似乎走向了另一个极端，即试图给达尔文冷静的纯学术研究戴上热忱的道德光环；在我看来，这不仅立论不足，而且毫无必要。尽管如此，基于本书的丰富史料、对达尔文及其学说的深刻了解与极度热情，以及行云流水般的文字，我依然乐意向大家倾情推荐。

“惟有诗情似灞桥”

——评《达尔文诗传》

《达尔文诗传》的作者是英国著名诗人、达尔文的玄外孙女露丝·帕德尔。她的外祖母是达尔文的亲孙女诺拉·巴洛——《达尔文自传》（1959年版）的整理者。露丝·帕德尔不仅因获奖众多、闻名遐迩的诗作而成为英国皇家文学会会员，而且由于其“家学渊源”，她的诗作涵盖遗传学与动物学等学科的科学内容，她还被选为英国皇家动物学会会员。2009年，她高票当选为牛津大学历史上首位诗歌女教授。自2013年起，她一直担任伦敦英皇学

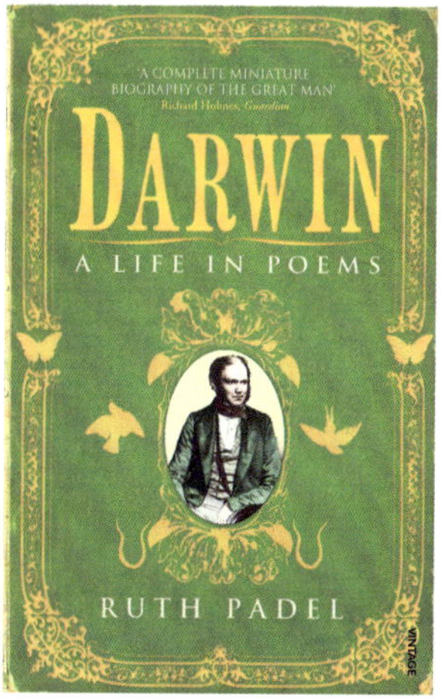

《达尔文诗传》英文版

院诗歌教授。《达尔文诗传》是2009年出版的，那一年是达尔文诞辰二百周年，也是《物种起源》出版一百五十周年。《达尔文诗传》甫一出版就好评如潮，记得我拿到手后几乎是一口气读完的。那么，我为什么等了十多年才想到写这篇书评呢？

其一，最近刚公布2020年诺贝尔文学奖花落美国女诗人路易丝·格吕克时，包括我的不少文友在内，很多人竟感到很吃惊。好似她是什么名不见经传的人物。其实，她在文学界名气很大，只是因为目前诗歌成了“小众”文学形式，一般人不熟悉而已。由于我曾读过她不少诗作，非常喜欢她的风格，因而对诺奖委员会的选择，一点儿也没感到意外，恰恰认为这是格吕克实至名归。这件事让我觉得，读诗写诗还是一件很美好的事。尽管诗歌不是我们生活与工作的必需品，但如果人生中缺少了诗歌与音乐，那该是多么令人遗憾啊。由此我想起陆放翁《秋夜》诗中的“老来万事浑非昔，惟有诗情似灞桥”，而倍感到欣慰。同时，也想借此鼓励科学家同行们阅读一些诗歌。其二，我最近应上海《科学》杂志编辑季英明先生之约写了“进化论诞生背后的故事”一个系列的几篇文稿，其中我翻译和引用了《达尔文诗传》里的两首诗，我的几位朋友看完都十分喜欢，胡珉琦记者鼓励我撰文把帕德尔这本美妙的诗集介绍给大家。

在古今中外科学家中，达尔文传记的数量，即便不是首屈一指，也一定是在前三名之列。比较著名的新作，包括哈佛大学科学史教授珍妮特·布朗的两卷本达尔文传记（1995年，2002年），长达1200页；以及阿德里安·戴斯蒙德与詹姆斯·莫尔合著的《达尔文传》（1991年），长达800页。相比起来，《达尔文诗传》只有140页，而且是分行诗的形式，是可以一口气读完的小书。然而，其体例跟传统传记一样，是按传主的生平顺序编排，完完整整，共分5章：1.青少年（1809—1831年）；2.环球考察（1831—1836年）；3.伦敦（1837—1838年）；4.艾玛（1838—1851年）；5.皮大衣（1851—1882年），由100多首诗（短则几行，长则数十行）组成。对于具有丰富人生经历和很多重要发现和著述的达尔文来说，以诗歌的形式来为他作传，这本身便是一件别出心裁的事，而他的直系后人熟悉并梳理了他的15000多件信函以及十几本重要著作，剥茧抽丝，像他当年研究生物学标本那样，一一放到显微镜下去仔细观察、分析，把他生命中最重要的东西挑选出来，以诗歌的语言提炼升华。结果是出人意料地惊艳：达尔文人生中的每一个“高光”时刻，都宛如他本人当年的一个博物学新发现那样，新奇有趣，令人着迷。

比如，科学研究的本质是探索精神，科学家最可贵的素质就是葆有一颗永不泯灭的好奇心。而达尔文从童年开始，就对周围世界充满了好奇，并善于提出各种各样的有趣问题；自己解答不了，就满世界地去寻找答案。他一生中跟世界上2000多位志同道合者有过通信联系，虚心向别人讨教，即“挖他们的脑袋”（pick their brains）。

请看帕德尔笔下的童年达尔文：

一个小男孩孤零零地跪在海滩上，
两眼死死地盯着一个黑色和猩红色的大昆虫——
最大的虎甲虫！
——什罗普郡从未发现过的一种。

晚上海鸥和鸬鹚蜿蜒盘旋着飞回窝里。
为什么每个人不都是鸟类学家呢？

通过自然选择的生物演化——达尔文理论的美妙之处在于他善于使用各种隐喻。对一般人来说，由于缺乏相关专业知识背景，诗化的语言或许更难理解。为此，诗人在诗行的左侧，常常提供一些背景知识，帮助不熟悉达尔文生平和著作的读者们更好地理解诗歌内容。

更有意思的是，诗人在诗中常常引用达尔文信函和著作中的原话，把诗歌韵脚与内部节奏加以巧妙的安排。读来合辙押韵、朗朗上口，而不只是分行的散文。因此，诗歌批评家们指出，帕德尔发明了人物传记以及诗歌的一种全新形式，就像达尔文发现了一个新物种一样。

比如，一首题为《关于恢宏壮丽的更有趣的想法》，就是《物种起源》书末最后几句话的诗化总结：

世间每个有机体
是何等地精巧美丽，
因为它的直系祖先
掩埋在地下的岩石里，
抑或它的共同后裔
以其他形式生存在别处，
或早已在远古消失。
通过饥荒、死亡、生存斗争，
达到崇高目的。

我们可以设想一下
高等动物如何创立，
我们最初的冲动
令我们怀疑——
次级定律如何能产生
如此美妙如此神奇的
无数生命机体？
迷信的回答看似极端容易，
一切归功于
造物主的精心设计。
更简单的答案却恢宏壮丽——
无需超自然力
也不靠上帝，
地球照转
全凭万有引力；
从最初几个或一个简单生命体，
依照自然定律
通过自然选择，
无数最美丽最奇异的生命
业已演化出来，

并仍在继续。

而《狒狒般的魔鬼》一诗则把达尔文阅读马尔萨斯《人口论》后的“顿悟”、生存斗争、自然选择以及人类起源等话题，通过引用达尔文的一些原话，全部巧妙地编织在一起，用诗歌语言叙述得十分生动形象，令人读后难以忘怀：

两盏灯的灯光摇曳。
他正要读完手中的马尔萨斯。
书房里灯影舞动
宛若一阵黑雨来袭。
“所有生命皆为生存而斗争。
自然界没有仁慈、圣洁
或其他！冲突才是种群原理。

世上充满痛苦与疾病——
他们却在侈谈岁月静好？”
我们与自身生物性独处。“新生命
在饥荒、灭绝与死亡中诞生。”

家仆寇文顿拉上了窗帘
搅起绉绸上积淀的落尘。
屋外小径的花岗岩石板晶亮。
苹果木在壁炉中哔啪作响。

“人的思想受制于动物祖先。
每一物种都在它的尾椎骨端
设立了祖宗祭坛。
不过，本能、欲望——
也都有迹可循。
侵略、愤怒和复仇
曾经帮助我们得以生存。
如今改变了的，只是环境。

我们试图压制遗传而来的上述激情。”
雨点沾染了煤烟。地上高跟鞋和马蹄铁声
格格作响 此去彼来，
犹如酒桶滚下酒窖台阶的节拍。
“人类起源已被证实。”
我们身上的兽性也暴露无疑。

“我们的祖父是撒旦——

披着狒狒的外衣。”

本书最令我读来动容的部分是第4章“艾玛”，写的是达尔文的婚姻和家庭生活。艾玛是达尔文的小表姐和爱妻，他们自小青梅竹马，老来相濡以沫，婚后在一起共同生活了四十三年，直到达尔文去世。其间，他们育有十个子女；婚后达尔文长期患病但一直坚持工作、勤奋著述，艾玛担负起妻子、秘书、护理、娱乐者、挚友以及心理医生等多重角色。在漫长的岁月里，艾玛对达尔文关怀备至、照顾入微。然而，艾玛是虔诚的基督教徒，达尔文的理论恰恰是与基督教信仰背道而驰、格格不入的。为了追求科学真理，达尔文不得不有愧于爱妻，尽管深知自己的理论伤害了艾玛的宗教情感，却依然坚持真理，对妻子坦诚以待，在她面前不说一句违心的话。另一方面，艾玛理解丈夫的工作是极有意义的，但又希望他是错的（可心中坚信他是对的！）。可见，两人都有心灵深处的痛苦挣扎，却恪守坚忍的、矢志不渝的爱情。另外，他们有三个子女早夭，也曾给这个幸福的家庭带来巨大痛苦。作为达尔文夫妇的后人，帕德尔笔下饱蘸浓情，使这一章读来十分震撼，令人在感到隐隐的痛楚之余抱以深深的同情，也对达尔文夫妇愈加肃然起敬。

最后，我向读者们郑重推荐《达尔文诗传》，并谨此怀念我敬爱的学术前辈——古脊椎动物学家、诗人杨钟健院士。

“演化论日”的求助

1859年11月24日是科学史乃至于人类历史上极不寻常的一天，这是达尔文《物种起源》（第一版）问世的日子；由于《物种起源》在生命科学以及人文科学领域的特殊地位，因此11月24日被称为“演化论日”（Evolution Day）。每年的这一天，世界各国学者和演化生物学家都会以不同形式举行纪念活动。

目前看来，2020年也可能是近一个世纪以来极不寻常的多事之年。而刚刚过去的11月24日，全世界各大媒体又竞相宣布了一则令人扼腕的消息：剑桥大学图书馆馆长杰西卡·加德纳（Jessica Gardner）女士首次向世人披露，该馆档案部所藏达尔文手稿中的两本“秘藏”笔记本神秘“失踪”，其中一本包括那张著名的“生命之树”草图。

不特此也，这两本笔记本可能已丢失了长达二十年之久，其间一直搜寻未果；最近刚刚结束了被称为“该馆历史上规模最大的一次搜索”，仍未找到。因此，馆方认为：这两本笔记本也许真的丢失了，并怀疑可能被窃。同时，加德纳女士以视频的方式呼吁全世界人民向该馆提供相关线索，以便使这两本价值连城的笔记本能早日“完璧归赵”。那么，它们是如何“不翼而飞”的？它们的重大价值何在？

据剑桥大学图书馆馆员日前向英国广播公司（BBC）披露，2000年秋季，这两本笔记本曾从该馆档案部珍本室借出拍照。如此重要文本的出借，应该是有极为严格的审核与跟踪程序的；拍照之后，理应旋即归还并放置原处的。然而，几个月后，在2001年元月的一次“例行检查”中，珍本室工作人员发现这两本笔记本却不在了；这两本笔记本原先是放在32开书本大小的特制蓝盒子里的。在珍本室里，单是摆放达尔文生前藏书以及手稿盒子的书架，其总长度即超过100米，而全部书架累计长度达20多公里。一本书或是书本大小的盒子，万一被什么人在珍本室书架上抽出、浏览后放错位置的话，要找到它们，无异于大海捞针！当然，这也是一开始大家确信的可能情形，随后即是长达二十年的不懈搜寻……

剑桥大学图书馆选择11月24日这一天向媒体和世人披露这一“乌龙”事件，也是颇有深意的。这是因为达尔文的这两本“秘藏”笔记本是与《物种起源》和生物演化论的诞生息息相关的。长期以来，人们对于达尔文理论诞生的背景和过程有着诸多误解，一般认为二十来岁的达尔文在历时近五年的“小猎犬号”环球科考途中，在加拉帕戈斯群岛上经历了“恍然大悟时刻”（Eureka moment），产生了生物演化的想法，归来后便写出了《物种起源》。事实远非如此简单！

像贝多芬随时随地把脑子里出现的稍纵即逝的音乐灵感记录在随身携带的小本本上一样，达尔文也有个好习惯：他每天都把自己的点滴科研心得和想法，及时地记录在一个个牛皮封面的小笔记本里。由于他觉得这些想法可能还不成熟，或是大逆不道，或是属于“危险的”想法，他的笔记本向来深藏不露、秘不示人，因而被人们称为达尔文的“秘藏”笔记本；正是这些“秘藏”笔记本，日后成了达尔文学者们重建生物演化论诞生过程以及研究达尔文心路历程，所能依据的最为可靠的第一手原始资料。

迄今为止的研究成果表明，达尔文在科考途中所观察到的各种生物和地质现象，只是使他当时对“物种固定论”产生了诸多怀疑而已。他环球科考归来后的两三年间，在整理环球科考的日记、标本、资料以及著述的过程中，才进一步增强了对“物种固定论”的疑问。这些疑问主要来自三方面：1.南美洲巴塔哥尼亚发现的哺乳动物化石，经欧文教授研究，跟当地现生的贫齿类（比如大树懒、犰狳等）很相似；2.南美洲南北部连续分布的鸵鸟，在南北端之间存在着明显的差异性（最南端的鸵鸟比北部的要小很多）；3.加拉帕戈斯群岛各相邻小岛上的类似动物，存在着细微但明显的差别（比如，著名的象龟，在不同的小岛上，它们的脖子长短以及龟壳上的花纹都不相同。另外，不同的小岛上的地雀，其喙部形状也各异）。如果每一个物种都是上帝分别创造的，而且一经创造出来就不会改变的话，为什么会出现这些奇怪而有趣的现象？如果真的有造物主存在，他不至于这么愚蠢或自找麻烦吧？从1837年7月开始，达尔文逐渐把这些质疑和想法记录在他秘藏的笔记本里，并基本上认定：物种是可变的，而且是缓慢演化的。而记录上述这些想法的笔记本，就包括“失踪”的这两本！其中一本正是笔记本B——它包括那张上面写着“我认为”（I think）的手绘“生命之树”草图。

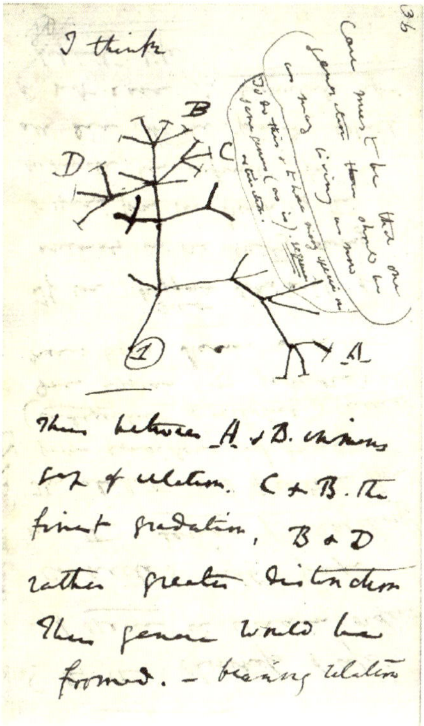

达尔文手绘的“生命之树”草图

这种变化或演化究竟是如何发生的呢？达尔文当时（1837年7月）却不得而知。直到1838年9月的一天，他在重读经济学家马尔萨斯的名著《人口论》时茅塞顿开：原来这就是物竞天择、适者生存！这下子，他突然发现了生物演化的主要机制——自然选择。这一“顿悟”对达尔文来说，真可谓“踏破铁鞋无觅处，得来全不费工夫”。

然而，由于这一想法来得如此突然，又是如此惊世骇俗的“危险”想法，他只是在他的秘藏笔记本D里将它记了下来，日期是1838年9月28日。其后几年里，他不断地在一本又一本的秘藏笔记本里，记录下来各方面的证据（这事他只在给好朋友莱尔的信里透露过）。他在乔迁到伦敦南郊的新居“党豪斯”、逐渐安定下来之后，开始感到上述想法已日渐成熟，于是在1842年起草了一份35页纸的手写大纲。到了1844年7月，他又在前一份大纲的基础上，完成了5万字左右（长达189页）的《物种理论纲要》。直到1858年，他才在好友莱尔和胡克的一再敦促下，着手写作被他称为“摘要”的《物种起源》。当然，众所周知的达尔文于1858年6月收到华莱士寄来的论文手稿而几近崩溃一事，只是加速了他完成《物种起源》的写作而已。

《物种起源》首印1200册，于1859年11月24日出版的当日售罄，须知其书价不菲，相当于当时普通人一周的薪水，实属前所未有的畅销书。它的出版，无疑是一件石破惊天的大事，因为它彻底颠覆了当时人们对这个世界（特别是人类自身）的普遍认知，引发了一场科学及思想上的深刻革命。原本人们以为，世上万物都是神（即上帝）造的，但达尔文指出：新的物种是从旧的物种那儿演化来的。这无异于把整个世界翻了个底朝天！这就是为什么这本一百六十多年前的老书，至今还在全世界广为流传，并为人们所阅读、争论、津津乐道的主要原因。此外，《物种起源》还引导人们去思索地球上生物多样性的奥秘以及人类自身在自然界的正确位置。该书首次详细介绍并证实了以自然选择（辅以性选择）为主要机制的生物演化论。迄今为止，这一理论依然享有多学科证据的支持，是阐释当今地球上所有生物物种随着时间推移不断演化的最合理理论。《物种起源》则被称为“震撼世界”的不朽经典。

正因为如此，剑桥大学图书馆“失踪”的这两本笔记本，才有其巨大而不可替代的价值，堪称科学史的无价之宝。所幸全部达尔文“秘藏”笔记本都已扫描成电子版，供全世界的学者查阅和研究。但笔记本本身对保护人类科学与文化遗产来说，依然具有无比珍贵的情感价值（sentimental value）。诚如加德纳女士在视频中呼吁求助时所言：“我们呼吁全世界所有的人为我们提供线索，使它们能早日回归其所属之处。因为它们不仅是英国科学文化遗产皇冠上的一颗璀璨明珠，而且是全人类科学文化的传世瑰宝。”

达尔文及其传人 E. O. 威尔逊

在当今生物学家中，哈佛大学退休教授E. O. 威尔逊，被称为是达尔文的传人，甚至有人称其为“当代的达尔文”。本文谈谈威尔逊为捍卫达尔文学说，曾受过的一段不公正对待。威尔逊1929年生于美国的亚拉巴马州，从小就酷爱博物学，立志长大以后成为鸟类学家。他不幸在一次钓鱼事故中右眼受伤变残，考虑到一只眼会严重影响野外观察鸟类活动的效果，便决定改学昆虫学。这样的话，尽管只有左眼一只好眼，但在显微镜下观察昆虫形态，也不会受到多大影

E. O. 威尔逊

响。他在哈佛大学完成博士学位后，即被留校聘为助理教授，这是非常了不起的。他的博士论文是研究蚁类的社会行为的，不久他便成为全世界这一研究领域的顶尖学者。

威尔逊暴得大名是因为他的《社会生物学》一书。该书1975年由哈佛大学出版社出版，全名为《社会生物学：新的综合》，是一本厚达700页的大书。这本书的问世，不仅标志着社会生物学这门崭新学科的诞生，还引发了一场20世纪最重要的学术争议。

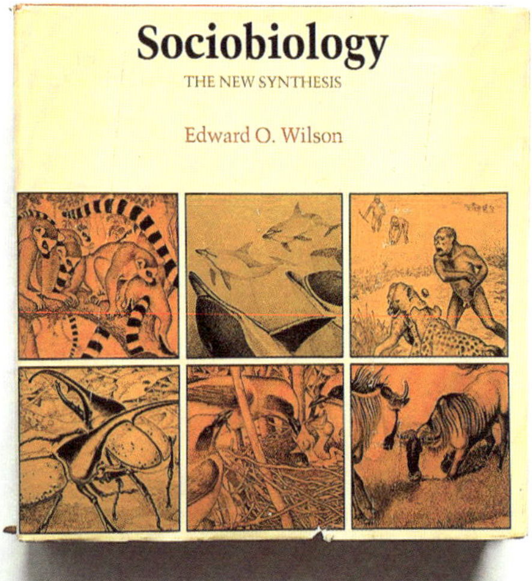

《社会生物学》英文版

作者在书中用大量动物行为研究的例子，从遗传学、种群生物学、生态学等方面，系统地描述了生物中各种社会行为（如性行为、侵略行为、互惠行为以及亲子抚育等）的表现、起源和演化，并借此论述了社会生物学的一些基本概念。

该书的前26章，介绍了人类以外的各种生物（从蚂蚁到大象，无所不包）的社会行为，说明这些社会行为都是为了使生物所携带的基因更容易被自然选择保留下来，因此是符合达尔文学说的。当然，这部分内容很少引起什么争议。事实上，书中反映出威尔逊的渊博学识和治学严谨，使他受到了广泛的尊重和仰慕。

争论主要源自该书的最后一章（即第27章“人：从社会生物学到社会学”），在该章中威尔逊把社会生物学应用到研究人类的社会行为上去。因此，他认为，人类的许多社会行为（包括侵略性、自私性，甚至于性爱、道德伦理和宗教等），都是因为对物种的生存有益，因此通过自然选择筛选、保留而演化出来的，这跟其他生物没有什么不同。万没想到，这下子他竟捅了个大马蜂窝！

顿时，威尔逊的观点遭到了很多社会学家和人类学家的强烈反对。批评者称威尔逊为新斯宾塞学派的代表人物，甚至有人认为他是社会达尔文主义者、种族主义者。对于威尔逊的批评，很快地超出了学术范畴，而且很快地发展成了人身攻击。而攻击他最厉害的人却是他每天抬头不见低头见的两位哈佛大学同事。这两位的名字在生物学界也是如雷贯耳：遗传学家理查德·莱万廷与古生物学家古尔德。

按说他们三人在同一个办公楼里上班、在同一个系里共事，有不同的学术观点，完全可以面对面地讨论——哪怕是争吵也没有什么关系。可是，令威尔逊不解（也使他非常寒心）的是，理查德·莱万廷与古尔德背着他，连同另外15个人共同署名，在1975年11月13日的《纽约书评》上发表了一封公开信，题目为“反对《社会生物学》”。

理查德·莱万廷是分子生物学领域的大牛，而古尔德不仅是古生物学界的牛人，而且是著名的科普作家。因此，由这两位参加署名给《纽约书评》写的公开信，在学术界和社会上的影响就非同一般了。公开信中明确指出：“从达尔文提出自然选择学说以来，生物和遗传信息曾在社会和政治发展中起过重要作用。从斯宾塞的‘适者生存’到威尔逊的《社会生物学》，都宣称自然选择在决定大部分人类行为特性上起着首要作用。这些理论导致了一种错误的‘生物（或遗传）决定论’，即生物遗传决定了人类的社会行为，因此给这些行为提供了某种合理性。同时，这种‘生物（遗传）决定论’还认为，遗传数据能够解释特定社会问题的起源。”

公开信中还进一步指责威尔逊有种族和阶级偏见，说他在为维护资产阶级、白人种族以及男性的特权寻找遗传上的正当性。由于威尔逊出生于美国南部的亚拉巴马州，该州在美国南北战争中曾站在维护黑奴制度的一方，而威尔逊又是有相当社会地位的男性白种人，因此这无疑是在指责威尔逊是种族主义者，并说《社会生物学》是社会达尔文主义卷土重来的信号。这一下子深深地激怒了威尔逊，使他不得不自卫反击。

被包围在批判声中的威尔逊再也不能忍受别人（尤其是自己的同事）往自己身上泼脏水了，于是他在1975年12月11日的《纽约书评》上发表了一封反驳信。他在信中指出，他的批评者不仅歪曲了《社会生物学》及他本人的科学用意，而且对他进行了人身攻击，这严重违背了科学研究领域的自由探索精神。

他在信中还特别指出，那封公开信的签名者中有两位是跟他在同一座楼办公的同事（指理查德·莱万廷和古尔德），而他居然是在那一期《纽约书评》上了报摊之后才看到公开信的。试问究竟是谁在背后搞阴谋呢？

威尔逊之所以反问这个问题，是因为公开信中曾指责《社会生物学》是宣传美国右翼的政治观点，而且影射威尔逊参与了右翼的阴谋活动。

威尔逊的反问并不是空穴来风。事实上，理查德·莱万廷和古尔德在美国20世纪60年代的学潮中，都曾是活跃分子。

由于理查德·莱万廷和古尔德两人都是犹太人后裔，对希特勒的种族清洗（屠杀犹太人）有切肤之痛，故对社会达尔文主义特别敏感。尽管从这一角度上说，他们对《社会生物学》的问世反应异常强烈也是可以理解的。但平心而论，这场论战也确实反映了美国学术界存在左右两派这一事实；理查德·莱万廷和古尔德都曾公开声称自己是马克思主义者。

正当美国的这场关于"社会生物学"的论战方兴未艾的时候，1976年（即《社会生物学》问世的第二年）在大西洋对岸的英国，牛津大学一位年轻的动物学讲师道金斯出版了《自私的基因》一书。道金斯在书中主要想把演化生物学研究（尤其是对自私和利他行为的研究）的新进展介绍给行外的人。其中的内容涉及我们前面所介绍的那些生物学家以及他们提出的各种理论。他书中的很多观点十分接近威尔逊的观点，但也有些不同。

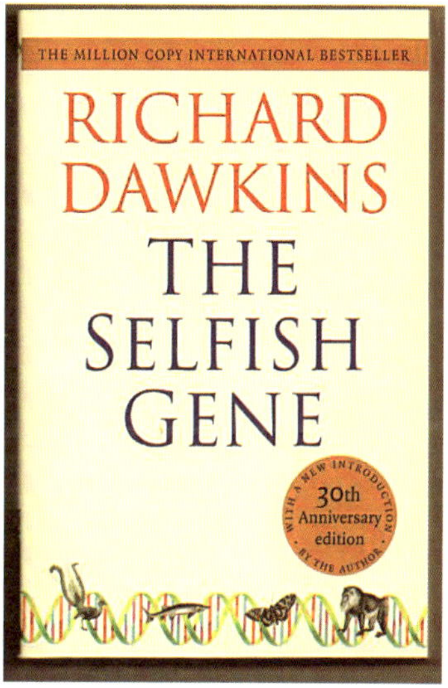

《自私的基因》三十周年纪念版

首先，他引进了两个新概念，一是把生物体称作“运载器”，二是把基因称为“复制品”。依照他的观点，只有基因才是不朽的，每个生物体只是基因的载体，基因可以通过复制，从一个载体传到另一个载体，历经无数世代。在这个过程中，生物体只是一个暂时的运载器，其作用是负责把复制基因传给未来的世代。因此，自然选择是在基因水平上起作用的，而不是上面提到的“个体选择”，更不是“群体选择”。从这个意义上说，道金斯比威尔逊更激进。

因此，古尔德把道金斯的自私基因论称为“极端达尔文主义”，也有人因此称道金斯为“达尔文的罗威纳犬”。还记得赫胥黎的外号叫“达尔文的斗犬”吗？罗威纳犬可比斗犬更凶哦！

《自私的基因》是一本科普书，对外行来说，比《社会生物学》更容易理解，因而在公众中的影响也更大。道金斯的出现，无疑给这场大论战“火上浇油”；事实上，在后来的持久战中，古尔德基本上是找道金斯“单挑”！他俩都是一流的科普作家、写文章的高手，两人笔战起来，也格外好看。

但这并不意味着就没威尔逊啥事了。

恰恰相反，1978年2月13日，在美国科学促进会年会上，威尔逊走上讲台正要做报告时，突然冲上来一位女子，将手中的满满一杯水浇到威尔逊的头上，台下则有一帮学生为她助威，不停地齐声高喊：“威尔逊，你全错了！”“威尔逊，你全错了！”

有意思的是，“威尔逊，你全错了！”在英语的习语中是：“Wilson, you’re all wet”；如果按照字面上的意思直译的话则是：“威尔逊，你湿透了！”在这场“闹剧”的全过程中，威尔逊从未失态。他擦干了脸上的水，继续做完学术报告。

凡是了解威尔逊的同事们都知道，威尔逊是一位典型的绅士、顶尖的学者，他不可能是种族主义者，更不是什么坏人。这就像达尔文一直被有些人指责为种族主义者一样，尽管达尔文祖孙三代都是反对蓄奴制和种族主义的。

尽管威尔逊的《社会生物学：新的综合》一书饱受争议，但是，他在学术界的崇高地位，从来没有受到什么影响。他是美国科学院院士，曾荣获美国总统卡特颁发的美国国家科学奖章，也曾荣获瑞典皇家科学院的克拉福奖（因为诺贝尔奖未设生物学奖，故该奖实际上相当于生物学领域的诺贝尔奖）。他还曾被美国《时代周刊》评选为“全美最有影响力的25人”之一。

“老树春深更著花”是顾炎武的名句，现在一般用来赞美人到暮年，雄风犹在、壮心不已。在我心目中，E. O. 威尔逊是学术界最不负“老树更著花”这一美誉的。他虽已至耄耋之年，自1996年从哈佛大学教职上退休以来，老当益壮、勤勉著述、新作迭出，于今已出版了16本书。他的新著《创世记：社会的深层起源》，即是他退而不休后的第16本书（也是他学术生涯中的第32本书）。“著作等身”

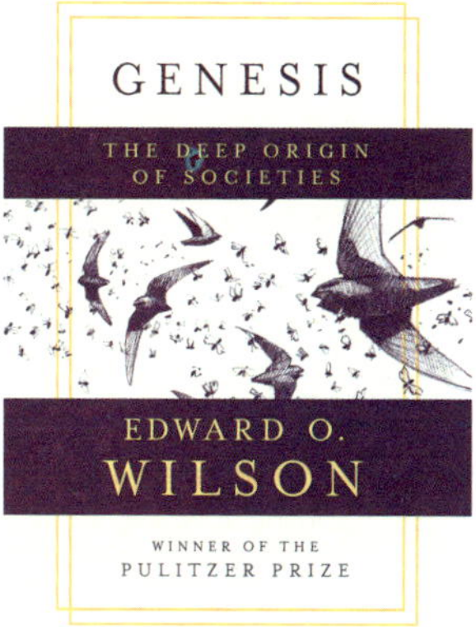

《创世记》英文版

这一成语用在威尔逊先生身上，不再是一种隐喻，而是实情描述。

比起他之前的很多洋洋大观之作，这本新书只是不到150页的“小书”；而这种“大家小书”，又恰恰是他在一生丰富学术积累的基础上，厚积薄发、充满深度哲思的“大书”。在本书中，威尔逊先生回到了他的成名作《社会生物学》的主题，进一步探讨我们生而为人不免常常思考的问题：究竟何以为人？在亿万年来地球上所有生存过的众多物种中，为什么唯独我们达到了“万物之灵”的智力高度，并形成了如此错综复杂的社会结构？对此，他毫不畏惧地表达了他一贯的达尔文主义科学思想与综合理论：所有的宗教信条与哲学问题，皆可解构为纯粹的遗传与演化组件；人类的肉体与灵魂均有其物质基础，因而完全遵从宇宙间的物理和化学定律，绝不是超自然的。因此，若想充分理解人类行为和社会的深层起源，我们还必须深入研究人类以外的其他物种的演化历史。

鉴于此，威尔逊先生在本书“引言”中写道，“事关人类处境的一切哲学问题，归根结底，只有三个：我们是谁？我们从哪里来？我们最终要到哪里去？第三个问题至关重要，因为它关系到我们的命运与未来。然而，要回答第三个问题，我们必须对前两个问题有准确的把握。总体而言，对于前两个涉及人类历史以及人类出现之前更久远的历史的问题，哲学家们缺少确凿可证的回答，于是，他们也无力回答事关人类未来的第三个问题。”坦率地说，我尤其认同这段话，因为长期以来，我对哲学能够指导自然科学与社会科学研究这一“神话”，一向持怀疑态度。

威尔逊先生还指出，长期以来，对人类的由来及其存在的意义，解释权都为宗教组织所掌控。地球上有4000多种宗教幻想，形形色色的宗教幻想带来了纷繁的部落意识，而部落意识又正是“人类的起源方式带来的一个结果”。

直到19世纪下半叶，达尔文开始把物种起源（尤其是人类起源）的“整个主题带进了科学探索的视野，并提出了人类是非洲猿类的后裔”。实践证明，达尔文是人类观念史上最伟大的创新者，他的生物演化论对旧观念的颠覆是“石破天惊”的。此后，神学家们赖以支撑门户的《创世记》便难以自圆其说。诉诸神灵来解释世上万物的由来、我们何以为人以及如何行事等“自我认知”问题，不再令人信服。此外，一百多年来，古生物学、人类学、心理学、演化生物学和神经科学这五个领域里全球科学家的共同努力，使“我们具备了相当充分的知识来回答人类的起源问题，包括起源的时间和方式”。正是这些科学进展，促使威尔逊先生信心十足地撰写了这本“科学的创世记”，向大家讲述无比精彩的、真正的人类起源故事。

本书的前半部包括三章，分别是：1.寻找创世记，2.演化史上的大转变，3.大转变的两难问题及其解决之道。首先，威尔逊先生“粗线条”地大笔勾勒了生物演化的宏观图景，带领我们重温了以自然选择为主要机制的达尔文理论，以及基因突变、环境筛选、表型可塑性演化等新达尔文主义（又称作达尔文理论与孟德尔遗传学相结合的“现代综合系统学”）核心概念。他强调指出，“科学家认为，演化不只是一个理论，更是一个已被确证的事实。通过野外观察与实验，科学家已令人信服地证明，自然选择作用于随机突变，正是演化实现的方式”。

接下来，他追踪了长达几十亿年的生命演化史，其如椽大笔一挥，浓墨重彩、举重若轻，令人叹为观止：“地球生物历史始于生命自发形成的那一刻。在数十亿年的时间里，生命先形成细胞，再形成器官，又形成组织，最后，在过去两三百万年里，生命终于创造出了有能力理解生命史的生物。人类，具备了可无限拓展的语言与抽象思维能力，得以想象出生命起源的各个步骤——‘演化史上的大转变’。”

他进而指出，这些“大转变”依次为：1.生命的起源；2.复杂（真核）细胞的出现；3.有性繁殖的出现，由此产生了DNA交换与物种倍增的一套受控系统；4.多细胞生物体的出现；5.社会的起源；6.语言的起源。有趣的是，为什么是“6”而不是另一个数字？同以人类为视角，为什么“脊索的出现”、“颌的出现”、“脊椎动物登陆”、“羊膜卵的出现”，抑或“人类的起源”等，不能算作同等重要的“大转变”呢？这不禁让我想起布封在划分地球历史的自然分期时，也是用了“6”这个数字，恰恰与神学《创世记》中上帝用6天创造了世上万物不谋而合。或许，“6”这个神奇的数字真是“天生”（hard-wired）地进入了我们的潜意识（在中国文化中，“6”则象征顺遂、幸运）。

值得指出的是，威尔逊先生对生命大历史的描述，不仅言简意赅，而且妙趣横生：“于是，没有任何确切目的，仅仅凭借着变幻无常的突变与自然选择前行，在爬行动物时代就出现了的导向系统的引领下，经过三十八亿年，这副包裹着盐水、两足直立、以骨骼支架撑起来的身体，终于跌跌撞撞地来到了今天——我们可以站立、行走，在必要的时候还可以奔跑。我们体液（占了身体80%的重量）里的许多化合物与分子跟远古海洋的组分大体一致。”

毋庸置疑，从演化意义上讲，目前地球上的生物多样性，代表了自然选择所留下来的幸存者。它们均以某种方式揭示了演化史上的重大转变：从单细胞的细菌及其他生物个体，最终演化出人类高度的智力、语言、共情与合作能力。而且，一如达尔文所指出的：这种演化依然在进行之中。饶有趣味的是，跟人们脑子里固有的“物竞天择、适者生存”的观念不同，威尔逊先生强调指出：在生物演化史上，每一次从较低的生物组织水平迈向更高的生物组织水平（比如，从细胞到生物体，从生物体到社会），都离不开利他主义。表面上看起来，这是个悖论（即大转变的两难问题）；但威尔逊先生坚信：这一悖论其实可以用自然选择驱动的演化来解释。这就是本书后半部分的内容。

本书余下的四章分别是：4.追踪漫长的社会演化过程，5.迈进真社会性的最后几步，6.群体选择，7.人类的故事。在这一部分，威尔逊先生指出，个体间简单的合作在生物界十分普遍，早在细菌中已见端倪；而众多较为进步的物种，均展示了一定程度的劳动分工与合作。然而，只有极少数物种（不到总数的2%）达到了高度的“真社会性”，其中以蚁类、蜂类与人类最为著名。这些具有“真社会性”的类群，都占据了陆地生态系统中“霸主”地位。

“真社会性”即一个生物群体组织内分化出可育（比如，蜂王、蚁后）与不可育（比如，工蜂、工蚁）的等级，并有了严格的内部劳动分工。野外观察和实验室研究显示，在个体之间的生存竞争中，无疑“自私者”占上风；而在生物群体之间的生存竞争中，由乐于合作者以及利他主义者占多数的群体，总是战胜由“自私者”占多数的群体。这也就是“群体选择”理论。威尔逊先生指出，当由同一个物种组成的不同群体竞争时，其成员的基因就会受到筛选，自然选择就驱动社会演化向着一定方向发展。

同样，人类起源与演化的历史也表明，人类迈向“真社会性”的路径与其他“真社会性”动物如出一辙。社会演化的主要驱动力之一是群体之间的竞争，其中不乏激烈的冲突（比如，部落、帮派、民族、国家之间的战争，常常十分血腥与残忍）。

总之，在本书中，谈及人类起源，对人类使用与制造工具以及脑容量增大等因素，威尔逊先生只是一笔带过，他着重强调了我们真正的优势在于人际间的合作。诚然，在当下民粹主义抬头、风云诡谲的国际形势下，威尔逊先生的这本新著，真可谓适逢其时，十分值得推荐给大家。达尔文主义的精髓，不只是狭隘的“物竞天择、适者生存”，还有广义上的“群体选择”；而对具有了“真社会性”的人类来说，犹应牢记：恶斗必两败，合作即共赢。